成长中的教育家

顾明远题

莱州人学习普通话指南

王学峰◎著

吉林大学出版社
·长春·

图书在版编目（CIP）数据

莱州人学习普通话指南 / 王学峰著. -- 长春 : 吉林大学出版社, 2024. 9. -- (成长中的教育家 / 姜晓波主编). -- ISBN 978-7-5768-3864-0

Ⅰ. H102-62

中国国家版本馆CIP数据核字第20244JJ368号

书　　名　莱州人学习普通话指南
　　　　　LAIZHOUREN XUEXI PUTONGHUA ZHINAN

作　　者　王学峰
策划编辑　朱进
责任编辑　朱进
责任校对　蔡玉奎
装帧设计　王强
出版发行　吉林大学出版社
社　　址　长春市人民大街4059号
邮政编码　130021
发行电话　0431-89580036/58
网　　址　http://www.jlup.com.cn
电子邮箱　jldxcbs@sina.com
印　　刷　三河市龙大印装有限公司
开　　本　787mm×1092mm　　1/16
印　　张　10.75
字　　数　140千字
版　　次　2025年1月　第1版
印　　次　2025年1月　第1次
书　　号　ISBN 978-7-5768-3864-0
定　　价　65.00元

序 一

学峰老师从事普通话语音教学、调查研究莱州方言已有三十多年。他的《莱州人学习普通话指南》终于出版，可喜可贺。

在莱州方言的调查研究及普通话语音教学中，学峰老师辛勤耕耘，不畏困难，走遍全市所有中小学校。他积累资料，潜心研究，形成了丰硕的科研成果。这从以下的论文题目就可以看得非常清楚：《山东莱州方言与普通话语音差异分析》《方音辨正是学好普通话的关键》《儿化韵的读法》《巧学普通话声母》《六法巧学普通话韵母》《怎样练好声调》《“与子同裳”别读错》《运用声韵拼合法学习普通话》《巧用语音对应规律学习普通话》《掌握语音对应规律，努力学好普通话》《教师必备的言语心理素质》。

学峰老师质朴而好学，对许多人看来是枯燥乏味的方言研究有浓厚兴趣；结合自己的教学实践，写出了能让学习者抓住重点、克服难点、尽快上口的《莱州人学习普通话指南》。我反复通读此书的全稿，感觉此书确实是莱州人学习普通话的指导用书。话语少，但都是经过郑重思考而后下笔的，绝不让它因为少而留下导引误解的可能。

并且，笔端的文字带着对莱州深深的挚爱感情，能给人以启发，不负“指南”二字。实属难能可贵。

学峰老师有着很好的语言素养，有着很好的汉语普通话素养，并有着丰富的普通话语音教学培训经验。三十七年来一直奋战在教师培训一线，从事普通话语音教学及语言文字工作。现在他以多年的辛勤积累，写出了《莱州人学习普通话指南》，是深得循序渐进之精髓的。

此书可以作为莱州人学习普通话的参考，特别是其中的“方言辨正”“训练方法”等篇章，对莱州人学习普通话具有较高的指南价值。

我祝愿此书能发挥其“指南”作用，为提高莱州人普通话水平尽力，为振兴莱州经济助力。我也相信，本书能够担负起它应有的责任。

这不是一件小事。第一，学养不足不能写成指南性的好书；第二，这是关于新时代“加大国家通用语言文字推广普及力度”的大业的。此书是一本严谨的学术之作，高兴地看到此书付印，愿为之序。

武传涛

2024年4月

（武传涛系山东省社科联社会组织党委委员，山东省演讲学会会长，山东青年政治学院播音与主持艺术专业教授。）

序 二

学峰老师的专著《莱州人学习普通话指南》终于付梓，备感高兴。

学峰老师专业从事普通话语音教学、研究，进行莱州方言的调查已有30多年，撰写一本内容全面，可供莱州社会各界学习普通话的读物，是他多年来的愿望。

莱州市历任各级领导十分重视普通话的推广工作，全市范围的中小学教师普通话比赛经常举办。比赛时，学峰老师应邀去参加一些工作，除评判之外，有时还要结合现场比赛，根据莱州方言的情况，向参赛者讲一讲莱州人学习普通话应该注意的问题。

从1991年参加烟台市普通话骨干教师培训开始，到1999年、2004年、2011年、2013年和2017年参加山东省普通话骨干教师培训，学峰老师有幸多次聆听了钱曾怡、薛中锐、张传曾、宋欣桥、罗福腾、朱山、武传涛诸位先生的谆谆教导，有幸近距离感受他们对工作严谨、热忱、敬业的态度。学峰老师不止一次讲过，1999年5月，近70高龄的钱曾怡先生，冒着济南30度以上的高温，全程两天站着为学员讲授国

际音标课程，纠正、示范每一个国际音标的发音……前辈大家的教育家精神感召和引领学峰老师勤业、敬业、精业，读书教学不敢有丝毫的懈怠与马虎。从一名普通话教学的“小学生”，逐渐成长为推广普通话、推行规范汉字的排头兵、实干家。

从1992年莱州市第一期普通话骨干教师培训、1994年“三笔两话（画）”基本功培训、2000年莱州市中小学教师全员普通话培训、2013年的莱州市公务员普通话培训和中华经典诵写讲培训、2015年四大行业普通话培训测试，到2016年三类文明城市验收，等等，学峰老师都是全程参与，全力以赴奋战在普通话教学一线，推动莱州市语言文字工作迈出了坚实的步伐。

学峰老师勤学笃行、求是创新，2022年被授予山东省“语言文字工作先进个人”荣誉称号，实至名归。

本书就莱州方言与普通话的差异作了有益探讨，是作者30多年普通话语音教学行之有效的实践经验的汇集，是一本指导莱州人学说普通话的好书。此书好就好在具有规范性、实用性和指导性。语音知识、方言辨正和训练方法既有机结合，又各成系统。语音知识部分力求科学、简明，着眼于更有效地指导语言实践；方言辨正抓住莱州话最有代表性、普遍性的方言现象，重在引导学习者掌握对应规律；训练方法力求高效、实用。

感谢武传涛先生在百忙中为本书赐序。

感谢吉林大学出版社各位领导对本书出版的大力支持，感谢本书各位编审老师的辛勤付出，感谢姜晓波主任为本书的完善提出了很好的修改意见，没有他们的大力支持和辛勤劳动，本书至少不会这么快和大家见面。

最后，祝愿学峰老师在“成长中的教育家”之路上越走越远，越走越好！

张秋凤

2024年4月

（张秋凤系莱州市教育和体育局党组成员、教学研究室主任，正高级教师）

目 录

绪 论

一、普通话的内容

普通话就是现代汉民族的共同语。这里的“普通”是指普遍、共同的意思。“普通话”的名称是1955年10月在北京召开的“全国文字改革会议”和“现代汉语规范问题学术会议”期间确定下来的。1956年2月6日，国务院发出了关于推广普通话的指示，指示中将普通话的定义确定为“以北京语音为标准音，以北方话为基础方言，以典范的现代白话文著作为语法规范”。

普通话以北京音为标准，是由北京话的地位所决定的。首先，700多年来，北京一直是我国的政治、文化中心，元、明、清各朝都以北京为自己的都城。这样，几百年来，“官话”随着官方的力量得到了传播，并逐渐成了各地人通话的工具。其次，20世纪初以来，“国语运动”和五四运动提倡白话文，摒弃文言文，主张用“白话”（北方话口语）作为书面语，教育界和文艺界等也都是用北京话。借此，北京话的地位得到了充分的加强和巩固。北京语音作为标准语音的地位也得以确立。当然，北京音并不等于普通话语音，北京音里的一些土音也还是需要规范的。

普通话以北方话为基础方言，是因为北方话通行范围最广，从东北的哈尔滨，到西南的昆明，从西北的乌鲁木齐，到东南的南京（当时还包括今天的晋语区），都是北方话的范围。[①]使用北方话的人口约占整个汉民族人口的70%，按我国现有人口计算，属于北方话区域的人口至少八亿。北方话的影响也最大，中国古代的不少文学名著都是用北方话写成的，如《水浒传》《西游记》《红楼梦》《金瓶梅》《醒世姻缘传》等，它们扩大了北方话的影响。所以说，普通话的词汇主要来源于北方话。但是，并不是说，北方话的所有词汇都是普通话的词汇，这里也还有个选择规范的问题。例如莱州话的“日头”（太阳）、“夜来”（昨天）、“格痒”（讨厌）等词，普通话就没有吸收进去。从现在的情况来看，普通话的词汇基本上也是以北京话的词汇为基础的。它不可能把北方方言各地的词语、说法统统包罗进去，事实上做不到，也没有必要这样。

“以典范的现代白话文著作为语法规范”的意思是，不但古代的文言文、白话文不能作为今天普通话语法的标准和规范，即使一般的现代白话文著作中的语法也不能作为效法的模式，而只能拿现代著名作家（特别是北京籍及邻近地区作家）的优秀的白话文著作作为规范，如老舍、曹禺、刘绍棠、邓友梅、刘心武等人的著作就可以当作现代汉语语法的标准。我们学习时分析语法、讲解语法，也都应该以他们的著作为对象。还得指出的是，这些作家的作品里的方言语法成分，是否就等于普通话的语法也还需要确认、辨别。也许有人会问，鲁迅、巴金、茅盾等作家的作品是否可以作为语法规范的标准呢？我们说，他们的作品影响确实很大，可以用作我们的参考，但由于其中夹杂了较多的方言成分，甚至有些文言成分，因此，需要慎重对待。

①尹建国. 普通话培训与测试[M]. 北京: 语文出版社, 2003: 4.

二、学习普通话的意义

我国通用语言文字是普通话和规范汉字。语言文字是经济发展、社会进步的重要保障，是民族团结、国家统一的文化根基，是国家主权、国家安全的重要支撑。

1. 历史意义

推广普通话、学说普通话，不仅是我国语言文字工作者的大事，也是教育界、文化界乃至全国各行各业人士的大事。《中华人民共和国宪法》（1982年）第一章第十九条："国家推广全国通用的普通话"，这就把推广普通话的工作纳入了法定的位置。1994年10月30日，国家语言文字工作委员会、国家教育委员会和广播电影电视部联合发出《关于开展普通话水平测试工作的决定》，要求在全国范围内对某些岗位的人员进行普通话水平测试，并逐步实行普通话等级制度。2001年1月1日起，中国历史上第一部语言文字的专项法律——《中华人民共和国国家通用语言文字法》（简称《国家通用语言文字法》）正式实施。中国特色社会主义进入新时代以来，推广普及国家通用语言文字工作的重点从以数量为主，转为数量与质量并重，以高质量普及为当前的首要任务、核心任务。

2. 现实意义

推广普及国家通用语言文字是铸牢中华民族共同体意识的重要途径，是建设高质量教育体系的基础支撑，是实施乡村振兴战略的有力举措，对经济发展及经济社会发展具有重要作用。语言在国家和民族内部起着凝聚人心，形成国家认同、民族认同和文化认同的重要作用。学好普通话，有利于维护国家主权和民族尊严，有利于国家统一和民族团结，有利于社会主义物质文明建设和精神文明建设。民族团结是实现中华民族伟大复兴中国梦的基本保证。语言文字是文化和文明的标志，是人们的精神家园。要铸牢中华民族共同体意识，首先就要语言相通，消除交流融合的障碍，达到情相融、心相印，像石榴籽一样紧紧抱在一起。中国特色社会主义进入新时代以来，语言文字事业的发展必将使“语同音”的梦想成为现实，并在迈向中国梦的征途中做到“书同文，语同音，人同心”。

3. 战略意义

当前，我们面临着“两个空间”，即现实空间和以网络、人工智能及网络数字化等信息技术构成的虚拟空间。只有高质量普及国家通用语言文字，才能适应智能时代的人机交互，适应智能社会的需求和发展，才能更好铸牢中华民族共同体意识，才能给青少年成长成才打好做中国人的底色，扣好人生第一粒扣子。同时，构建人类命运共同体，需要深化与各国的文化交流及合作，需要有较高的国家通用语言文字水平。

大力推广和普及国家通用语言文字，是新时代语言文字工作的重中之重。相关语言调查显示，2000年我国普通话普及率为53.06%，2010年为70%多，2020年为80.72%。尽管如此，我国还有近20%的人口不能用普通话交流，也就是说还有约2.8亿人不能用普通话交流沟通。而80%的人口中，真正能达到普通话测试三级乙等（最低等级）以上的人口只有40%。有人说，如果80%以上的人口都说普通话，那说方言和民族语言的人口就剩百分之十几了，其实这是一个误解。据统计，我国能用普通话进行交流的人口中，能用方言和民族语言进行熟练交流的人口占95%以上。学习普通话，并不排斥人们使用方言和民族语言。我们强调具有“多言多语的能力”，既能用方言和民族语言交流，也会说普通话。推广国家通用语言文字，是习近平总书记从中华民族伟大复兴全局出发作出的重要论断。

三、学习普通话的方法

语言是一种习惯，成年以后要改变从小养成的习惯，自然不是一件容易的事情。但可以肯定地说，只要方法正确，坚持不懈，经过一个阶段的学习，就一定会说一口地道的普通话。

1. 要注意明确差异，突破难点。当我们下定决心要学说普通话以后，先得明白自己的方言与普通话有什么差别？哪些是学习的难点和重点？哪些不是难点，对于难点要格外注意。比如说，声母方面特别要留意j、q、x、zh、ch、sh、r、z、c、s等，韵母方面要特别留意uei、uen、uɑn、ong、ueng等，声调方面要特别注意一些字的调类。有时自己找不出学习的难点，也不清楚该注意哪些问题，这时最好请教一下别人。假如求人不易，那么找一本有关指导莱州人学习普通话的书来读一下是很有必要的。本书就是专门为莱州人学说普通话而编写的带有指导性的书。其他有关的书也可作为参考。

2. 要注意多听多说。这是一个模仿和练习相结合的方法问题。语言是口耳之学，我们从小在莱州长大，每天都听到周围的人讲本地的方言，所以我们都会说莱州话。同样道理，如果我们有意识地多听普通话广播，多看电视，多注意播音员和一些优秀的节目主持人说的普通话，听多了也就会知道普通话的某些音该怎么发，某个词该怎么说，某个句子该怎样组织。久而久之，对普通话的认识也就全面起来。当然光听还不行，还必须大胆说，大胆练习。有的朋友怕人笑话，怕人家说自己说出来的是“莱州普通话”，不标准。其实这些顾虑都应该打消。谁也不是一学就会说普通话的，特别是成年朋友，已经说了十几年甚至几十年的莱州话，突然要另起炉灶，从头学说普通话，自然会有个不适应的过程。这个过程人人都会遇到，只要我们多听多练，这个过程很快就会过去的。长此下去，自己的普通话也就会由开始的很不像到比较像，又由比较像到很像，最终说一口地地道道的，不夹杂一点方言的普通话。世上无难事，只怕有心人。相信凭大家的勇气和毅力，一定会学好普通话！

3. 要注意多读多记。读什么呢？有两种材料可以用，一是指导当地人学习普通话的书可以读，这类书是针对当地方言特点、方言难点而设计编写的，其中的一些有针对性的练习，如字音练习、词组练习、句子练习可以反复读，经常读，这有助于有的放矢地纠正方言，快速提高普通话的阅读能力；二是对较优秀的文字材料（包括注音的和未注音的）要多读多记，如诗歌、散文、演讲词甚至小说、话剧等，这不但有利于练习普通话的语音，还有利于了解掌握普通话的词汇和语法，算得上是一举多得。记什么呢？一是记住自己的方言与普通话的语音对应规律、词汇对应规律、语法对应规律。莱州话的z、c、s声母的字，对应成普通话的z、c、s和zh、ch、sh，方言里的哪些字该读成普通话的z、c、s声母，哪些字又该读成普通话的zh、ch、sh声母，毫无疑问地得靠记忆。二是记住不符合对应规律的说法。比如有的字音，不能按常规来类推，显然有必要逐个牢记。三是记一下普通话的发音原理，有些声母、韵母，方言的发音跟普通话是不一样的。①

四、莱州方言概况

莱州市原称掖县，位于山东省东北部，烟台市西部，西临渤海莱州湾。东临招远市，东南与莱西市接壤，南连平度市，西南与昌邑市相望，西、北濒临渤海湾。全市总面积1878平方千米，总人口84.8万人（2018年末）。辖6个街道（文昌、永安、城港路、文峰路、三山岛、金仓）、11个镇（程郭、郭家店、虎头崖、金城、平里店、沙河、土山、夏邱、驿道、朱桥、柞村）。②

一提起莱州话，我们本地人会有一种非常亲切的感觉，外地人会

①罗福腾. 方言与普通话教程[M]. 济南：山东省新闻出版局，1998：23.

②王学峰. 山东莱州方言与普通话语音差异分析[J]. 鲁东大学学报（哲学社会科学版），2019，36（03）：39.

觉得就像莱州人的性格一样，质朴、醇厚。不管怎样，千百年来莱州话一直是莱州的特征，是85万莱州人主要的交际工具。

1. 莱州方言的分区

钱曾怡、高文达等教授按照普通话zh、ch、sh和j、q、x声母是否各分化为两类读音，把山东话分为两大区：西区和东区。每一区下又分为两小区，西区有西齐区、西鲁区；东区有东莱区、东潍区。①莱州方言属于东潍区。而著名学者李荣从全国的角度出发，按照古代入声字在今天山东方言里的演变情况，把山东话划分为三区：冀鲁官话区、中原官话区、胶辽官话区。②莱州方言属于胶辽官话区。③

莱州方言可以分为南、中、北三个区。④南区以沙河镇为中心，包括靠近这个区域的土山、夏邱、虎头崖、柞村等镇的部分自然村。北区以金城镇为中心，包括三山岛街道、朱桥镇北部的一些自然村。南北两区之间为中区，包括全市绝大部分区域，以文昌和永安街道（原莱州镇）为中心。作这样的划分，主要是依据语音的不同。在莱州方言中，从南区经中区到北区，卷舌音越来越少，或者说平舌音越来越多。除了成系统的语音差异外，莱州方言还存在一些不成系统的说法。例如，“爷爷、叔叔”等称谓词的第一个音节，南区读作降调，而中区和北区则读作平调。莱州方言南、中、北三区各有特点，主要是北区接近东莱片，南区接近东潍片。⑤其中以中区方言的分布的地域范围最大，使用人口最多。

---

①罗福腾. 方言与普通话教程[M]. 济南: 山东省新闻出版局, 1998: 8.

②罗福腾. 方言与普通话教程[M]. 济南: 山东省新闻出版局, 1998: 9.

③钱曾怡. 山东人学习普通话指南[M]. 济南: 山东大学出版社, 1988: 19.

④史崇寿. 莱州人学习普通话指要[M]. 北京: 作家出版社, 2001: 7.

⑤钱曾怡, 太田斋, 陈洪昕, 杨秋泽. 莱州方言志[M]. 济南: 齐鲁书社, 2005: 3.

2. 莱州方言的特点

莱州方言属于汉语胶辽官话的青州片，具有胶辽官话的共同特点。从山东方言的分区来看，莱州市虽然在行政上属于烟台市，但在山东省境内的方言分区中，是属于山东东区方言的东潍片。[①]实际上，由于其特定的地理位置，地处东西两片的分界点上，因此它同时具备了东莱片和东潍片方言的诸多特点，具有“过渡性”。

莱州方言的特点表现在语音、词汇、语法各方面。

语音方面：古知庄章的声母分为两套像“蒸zhēng≠争zēng”“绸chóu≠愁cóu”“声shēng≠生sēng”；分尖团：清≠轻；r声母字多读零声母：人=银；元音鼻化现象明显，无明显的鼻辅音韵尾：班、春；复合元音单元音化：包、街；入声消失，只有三个单字调：阴平、阳平、上声，没有去声。[②]

词汇方面：莱州话有一大批特有的方言词，如：割不断（连襟）、馉馇（水饺）、扎固（修理）、高丽果（草莓）、吞子（咽喉）等。一些地名用字颇为人们所注意，如“夼”（冷家夼）、“疃”（林疃河水库）等。

语法方面：如某些词语的前缀、后缀比较丰富，除了前缀“大”“小”，后缀“头”“子”以外，还有前缀“忽”（忽拦：收罗、收集的意思；忽隆：敲、打之义，也可以表示敲打的声音）、“爽”（爽缩：赶紧去，表示不耐烦；爽问：赶紧问），后缀“样”（稳沉样：慢腾腾；糟烂样：很邋遢）、“忽”（抓忽人：捉弄人；疼忽人：心疼人）等。某些句子的语法结构也比较特别，如“一天热起一天”等。莱州方言的语调很有特点，有的叙述句也说成“上扬的

①钱曾怡，太田斋，陈洪昕，杨秋泽. 莱州方言志[M]. 济南：齐鲁书社，2005: 2.

②李如龙. 汉语方言调查[M]. 商务印书馆，2017: 70.

语调”。这与现代汉语认为升调表示疑问惊异是不同的。①

本书在标写莱州话语音时，尽量采用汉语拼音（包括省略形式，如把jü写成ju），即使普通话里没有的音，但用汉语拼音标出来能够自明的也采用汉语拼音。不能用汉语拼音标写的就采用国际音标，国际音标一律加方括号“[ ]”，以跟无括号的汉语拼音区别。送气符号用“h”（非上标）。②

①钱曾怡. 汉语方言研究的方法与实践[M]. 北京: 商务印书馆, 2009: 34.

②中国语言资源有声数据库建设领导小组办公室. 中国语言资源有声数据库调查手册汉语方言[M]. 北京: 商务印书馆, 2010: 24.

第一章 声 调

第一节 调值和调类

一、什么是调值、调类

声调也叫字调，是指音节的高低变化。①声调具有区别意义的作用，如“通知”（tōng zhī）和“同志”（tóng zhì），声母韵母完全相同，但它们的声调不同，意义也就不同。

声调的高低变化是由声带的松紧不同决定的。发音时，声带放松，声音就低；声带绷紧，声音就高。声带先松后紧，声音就由低升高，声带先紧后松，声音就由高降低，声带的松紧可以有种种不同变化，于是就构成了各种不同的声调。

调值是声调的实际读音，有高低升降曲直的变化。为了把调值

①山东省语言文字工作办公室. 简明普通话教程[M]. 济南：山东大学出版社，1990: 15.

描写得具体、直观、好懂，一般采用“五度标记法”。用一条竖线表示声音的高低，由下面最低点到上面最高点分为五度，即最低、低、中、高、最高，分别用1、2、3、4、5依次来表示。普通话调值可以用图1-1表示。

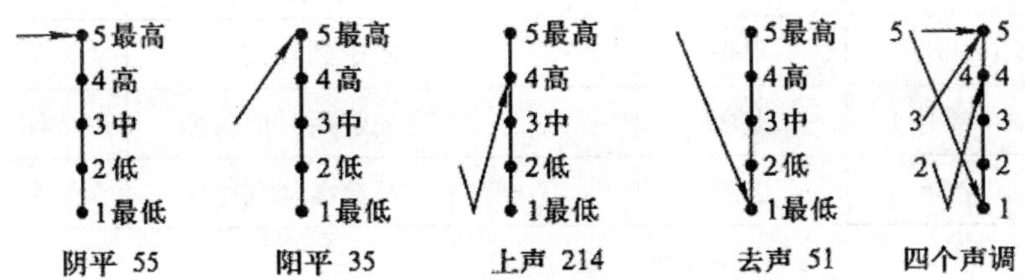

图1-1 普通话调值五度标记图

调类就是声调的分类。相同调值的字归为一类。一般来说，有几种调值，就有几个调类。用普通话读汉字能读出四种调值，它就有四个调类；用莱州话读汉字能读出三个读法，它就有三个调类。

二、普通话声调

普通话有阴平、阳平、上声、去声四个声调，简称“四声”。表示声调的符号叫调号。《汉语拼音方案》规定，普通话的四声分别用“—”“／”“∨”“＼”来代表四声的调号。

阴平（第一声）调值55，发音由5度开始到5度结束，叫高平调或55调，基本上没有升降变化。如：居安思危。

阳平（第二声）调值35，发音开始由中音3度升到高音5度，叫中升调或35调。如：人民文学。

上声（第三声）调值214，发音先由2度下降到最低点1度，马上向上升到4度，叫降升调或214调。如：岂有此理。

去声（第四声）调值51，发音由最高点5度，下降到最低点1度，叫全降调、高降调或51调。如：见利忘义。

普通话的声调可概括归纳如下（见表1–1）：

表1–1 普通话的声调

调值	调类	调号	调值口诀	例字
55（高平）	阴平	—	一声发音高又平	中
35（中升）	阳平	/	由中到高往上升	华
214（降升）	上声	V	先降后升曲折型	伟
51（全降）	去声	\	高起猛降到底层	大

三、声调的变化

在语流中，有些音节的声调发生了一定的变化，跟单念时不一样，这种变化叫变调。普通话常见的变调有以下几种：

（一）轻声

1. 轻声的性质和作用

轻声是指某些音节在词或句子中失去了原来的调值，变得短而轻的一种特殊的音变现象。[①]如："头"的单字调是阳平35，但在"石头""馒头"等词里就不读35调而是读成既轻又短的调子。轻声只能出现在词末句尾，或夹在重叠词中，永远不会出现在词语的开头。

轻声具有区别词义和词性的功能。例如下列词语（见表1–2）是否读轻声，词义和词性是有差异的。

①龙彩虹. 口语交际理论与训练教程[M]. 南京: 东南大学出版社, 2014: 95.

表1–2 词义和词性的差异

	不读轻声的词义和词性	读轻声的词义和词性
大意	大概；名词	疏忽、没留心；形容词
地道	地面下的通道；名词	真正的、纯粹的；形容词
东西	东边和西边；名词	泛指具体或抽象的事物；名词
下水	进入水中；动词	可食用的牲畜内脏；名词
不是	表示否定判断；动词	错处、过失；名词
实在	的确；副词	扎实；形容词
利害	利益和损害；名词	难以对付、剧烈、凶猛；形容词
兄弟	哥哥和弟弟两个人；名词	专指弟弟；名词

2. 普通话轻声词的规律

为便于学习和应用，可以把必读的轻声词分为规律性强的和规律性不强的两类。

规律性较强的轻声词包括：

（1）助词（结构助词、动态助词、语气助词）一般读轻声，例如：的 地 得 似的 了 着 过 来着 吗 吧 呢 嘛

（2）构词上通常读作轻声的音节或语素，包括：

①叠音名词的后一个音节，如：奶奶 爷爷 太太 蝈蝈儿

②历史悠久的某些名词后缀，如：

子——金子 桌子 孩子 银子 椅子 脑子 筷子 日子

头——丫头 跟头 石头 馒头 里头 后头 罐头

巴——结巴 锅巴 尾巴 嘴巴

③部分代词的后缀，如：

们——我们 你们 他们 咱们

么——这么 那么 怎么 多么 什么

④动补式合成词的中间一个语素（不、得），如：

不——吃不消 对不起 了不起 经不住 来不及 免不了

得——吃得开 来得及 过得去 靠得住 合得来 想得开

⑤动补式合成词的后两个音节，如：

巴不得 顾不得 怪不得 舍不得 由不得 听一听 学一学 想一想 试一试 看一看

⑥部分连词的后一个音节，如：除了 还是 要是

⑦部分方位词，如：家里 地下 墙上 东边

规律性不强的轻声词，范围广而规律性不强，也无区别词性、词义的作用，但按习惯必读轻声。莱州人学习普通话时要注意识别、熟读和记忆。

（二）上声的变调

1. 普通话的上声字在阴平、阳平和去声三个声调前的变调规律是一样的，即由214变化为211，跟单字调比较，变调后没有了上升的阶段。请仔细体会下列例词：

上声+阴平——本身 奖金 水灾 体操 广播 眼光

上声+阳平——保留 警察 老人 水泥 以前 准时

上声+去声——宝贵 采用 可爱 美丽 手电 诊断

2. 普通话的上声字在上声字前，字调由214变为35，即上声变得跟阳平相近。请体会下列词语的变调：

上声+上声——保管 老虎 领导 洗澡 永远 指导

以下是上声在上声前的变调与阳平在上声前的读音比较，可以体会出等号前后的字调变得几乎相同：

土改=涂改 虎口=糊口 起码=骑马

3. 上声字在轻声字前变成半上或阳平

（1）上声字在本调为非上声的轻声字前面时，变为半上，调值由214变为211。例如：

比方 尾巴 讲究 姐夫 打发 点心 老实 里头

水灵 老婆 省得 口气 好处 口袋 伙计 使唤

（2）上声字在本调为上声的轻声字前面，多数也变为半上，即调值由214变为211。例如：

耳朵 管子 马虎 斧子 姐姐 姥姥 嫂嫂 婶婶

但在下列两种情况下，前边的上声字变阳平，即调值变为35。例如：

第一，单音节动词的重叠形式。例如：

走走 想想 找找 扫扫 跑跑 讲讲

第二，少数非重叠形式的词语。例如：

小姐 老鼠 老虎 了解 打扫 打理 哪里 可以

不过，最后面的这一小类，后一音节有时也会不读轻声，那就成了一般的上上变调了。

4. 如果三个上声调的字相连，则根据词语的组合适当分组，然后按上述规则变调。一种是2+1结构，即：××＋×，此时前面的两个上声音节变读为35；另一种是1+2结构，即：×＋××，首音节可以读211，第二音节可以变读35。如果快读时也可以只保留最后一个字读上声，前面一律变阳平。例如：

2+1——老虎口 打靶场 展览馆 手写体 选举法 草稿纸

1+2——小组长 厂党委 纸老虎 好小伙 老保守 买礼品

（三）去声的变调

两个去声字相连，前面的去声由51变53，即降低的幅度比单字调要小。例如：

大道 电报 社会 布置 个性 浪漫 巨大 见到

（四）“一”和“不”的变调

普通话“一”和“不”两个词的变调规律比较独特，跟自己所在的调类变化不同，值得注意。为什么会有这种现象呢？或许与他们的古代来源有关，这两个字古代读入声。

1.“一”的变调

“一”的原调是阴平。单念、在词句末尾表示顺序时，都读原调。例如：

整齐划一 友谊第一 百里挑一 说一不二 一年级一班 三七二十一 一楼一号 第一

在阴平、阳平、上声字前变读为去声51。例如：

一根 一天 一年 一头 一直 一碗 一两 一场

在去声前变读为阳平。例如：

一样 一定 一罐 一位 一部书 一日千里 一切照办 一去不返

夹在重叠动词之间时读轻声。例如：

搬一搬 学一学 想一想 见一见

2.“不”的变调

单念或在词句的末尾时，仍读单字调51，在阴平、阳平、上声前也还读51，不变调。例如：

不 偏不 不能再说不 不说 不来 不老

当“不”在去声前时必须读变调调值35，即阳平调。例如：

不见 不对 不信 不放心 不露声色 不见不散 不上不下

夹在词语之间时读轻声。例如：

高不高 能不能 想不想 去不去

“一、不”的变调规律可以总结为：

“一”的本调是阴平，非去声前读去声，去声前面读阳平，嵌在词中读轻声。“不”读去声要记住，去声前面变阳平。

第二节 声调辨正

方言与普通话相比，最大的差异在于声调。声调是我们学习普通话的重点和难点。莱州方言听起来少有普通话的味道，声调是主要原因。从调类上看，普通话有四个调类，而莱州方言只有三个调类——阴平、阳平、上声，比普通话少一个去声调。从调值上看，莱州方言与普通话相同的三个调类的调值有很大差异。普通话四声的明显特点就是音调高昂跌宕。阴平、阳平、去声的高点都是5，上声的收尾也在4。莱州方言的声调却不是这样。莱州话在声调上“吐音咬字重、多降调”，[①]其一大特点就是说话太“浊”（zuò），发音低沉粗重。[②]

一、调类差异

莱州方言没有去声调，去声分化，绝大部分归阴平，如“自占弟共幸”等字；小部分归阳平，如“近病稻次”等字。可以说，普通话的去声字在莱州方言中分别归到阴平和阳平中去。例见下表。[③]

①中共掖县县委宣传部. 莱州古邑掖县[M]. 烟台：山东省出版总社烟台分社，1987: 152.

②王学峰. 山东莱州方言与普通话语音差异分析[J]. 鲁东大学学报（哲学社会科学版），2019, 36（03）: 43.

③王学峰. 山东莱州方言与普通话语音差异分析[J]. 鲁东大学学报（哲学社会科学版），2019, 36（03）: 43.

表1–3 普通话去声字分化简表

普通话调类	莱州方言调类	例字
去声	阴平	爱暗霸坝鲅拜办报被背毕变并布菜灿册唱彻衬秤怵串刺促寸挫代带但到瞪地第弟垫钓定订炖跺二妇放凤副共幸
	阳平	病部步蔡策岔赤臭处次伺凑醋错措大戴待淡弹道稻邓帝电殿奠吊腚动冻洞豆杜队对垛饿饭肺父复傅盖告个怪惯贵

从上表可以看出，莱州人学习普通话，应该把本地的阴平和阳平里的一部分字读成普通话的去声。

二、调值差异

莱州方言虽然也有阴平、阳平、上声三个调类，但实际读法和普通话有很大差异。

1. 相同的调类但实际读法不同

普通话中的阴平，在莱州话中多数读得像普通话的上声（213），如“安、冲、工、军”等字；普通话中的阳平，在莱州话中大部分读得像普通话中的去声（42），如“陈、寒、孩、航”等字；普通话中的上声，在莱州话中大部分读得像普通话中的阴平（55），如“产、尺、胆、党”等字。可见，莱州方言常常把普通话的甲调类读得像乙调类。下表说明莱州方言与普通话同调字调值的差异。①

①王学峰. 山东莱州方言与普通话语音差异分析[J]. 鲁东大学学报（哲学社会科学版）, 2019, 36（03）: 43.

表1–4 普通话与莱州方言同调字调值差异简表

普通话调类与调值	莱州方言调类与调值	例字
阴平（55）	阴平（213）	哀安班帮杯标宾兵波仓参操昌超车抽初
阳平（35）	阳平（42）	航杭豪何痕横红侯胡怀环黄魂集杰局扛
上声（214）	上声（55）	俺摆板表饼补采场尺丑打胆党岛底点短

从上表看出，莱州人学习普通话，应注意把莱州方言中的阴平和上声对调，分别和普通话上声、阴平的调值一致起来，同时把莱州方言中阳平的调值纠正为35。

2. 读准普通话的四个声调

普通话四声，从调型上看，一平、二升、三曲、四降，简单清楚，界限分明；从音高上看，高音成分多，阴平、阳平、去声的高音都是5度，上声的收尾也达到4度，音调高昂跌宕；从音长上看，上声最长，阳平次之，阴平又次之，去声最短。

莱州人学习普通话时，首先，要按照普通话声调的要求，读准阴平、阳平、上声、去声四个声调的调值。抓住“阴平‘高’读莫低昂，阳平上扬猛烈强，上声低转尾高起，去声下降慢收藏”的四声特点，反复练习。

（1）阴平。普通话的阴平调，调值为55，但在莱州话里，读得却像普通话的上声。因此，莱州人学习普通话，应把方言中的部分阴平字读得像方言中的上声调值（55）。莱州人读普通话的阴平字，往往起音过低，且拖音较短，不持久。因此，莱州人读普通话的阴平字时，应注意起音和尾音都要达到5度，同时尾音要拖到位，不要太短。

（2）阳平。莱州方言中的阳平与普通话阳平调值差异很大。因此，莱州人学习普通话，应首先注意把莱州话的阳平调值（42）改为普通话阳平调值（35）。另外，莱州人读普通话的阳平字，往往起音太高，后面升不上去。纠正时可用去声同阳平搭配起来读，借去声下降的语势来控制阳平的起点。

（3）上声。前面说过普通话中的上声字，莱州话读得像普通话的阴平（55），学习时应把它纠正过来。除此，莱州人读普通话的上声字，往往曲折度不够，起音降不下来，尾音升不上去。纠正时可将去声字和上声字连起来读，促使起点降低些，尾音升高，从而形成正确的上声调。

（4）去声。莱州话没有去声调，学习时注意把普通话中读去声而方言中读阴平、阳平的字改读成去声。另外，还应注意把去声调读标准的问题。莱州人读普通话的去声调，往往起点不够高，落点不够低。练习时，字音拖长放慢，夸大起降幅度，反复练习，就会读准去声调。

【正音训练】

阴平——卑躬屈膝 江山多娇 居安思危 声东击西
挖空心思 呜呼哀哉 息息相关 忧心忡忡

阳平——含糊其词 名存实亡 穷极无聊 文如其人
名副其实 人民团结 儿童文学 循名责实

上声——岂有此理 永久友好 洗手洗脸 产品管理
赶紧处理 手语辅导 采访厂长 美好理想

去声——对症下药 意气用事 自作自受 各就各位
浴血奋战 万事俱备 自暴自弃 跃跃欲试

四声顺序——中华曲艺 山明水秀 花红柳绿 中流砥柱
风调雨顺 光明磊落 山重水复 山盟海誓

四声逆序——背井离乡 碧海蓝天 地广人稀 救死扶伤
妙手回春 墨守成规 万古长青 四海为家

三、读准古代入声字在普通话里的读音

古代汉语也有四个调类：平声、上声、去声、入声。可是发展到今天的普通话，古代的平声，普通话一分为二分化为阴平、阳平两类；古代的上声字，普通话大部分还读上声，少数归到去声；古代的去声字，普通话也读去声；古代的入声在普通话中消失了，这些入声字分别合并到阴平、阳平、上声、去声里了，其中归到阴、阳、去三声的比较多，归到上声的比较少。绝大多数常用汉字，都可以根据方言中的调类直接推出它们在普通话中所属的调类，不必一个一个去死记；但是，还有一些常用汉字不能按照对应规律类推，属于一些“例外”字。例如“法、北、铁”普通话归上声，山东大部分方言归阴平。这是因为普通话没有入声，古代入声字都分别归入普通话阴、阳、上、去四个声调中去了。可见，古代的入声字在普通话里的读法跟方言的读法是有很大出入的。哪些字具体应归入普通话的哪个调类，需要多加记忆，读准、记住。

四、把握变调读音

（一）读准轻声

莱州方言里的轻声现象比普通话要丰富得多。这可以从三方面来看：一是可以读轻声的词语明显比普通话多，例如：经历、坚持、考虑、面积、难度、排斥、挑拨、心意等词语，这些词的后一个音节，莱州话一般读成了轻声，而普通话则读非轻声。二是普通话读轻声，方言倒读成了非轻声，如：棉花、烟筒、挪动，等等。三是莱州方言里有一些连续多音节读轻声的词，如：大姨子、小姨子、邻身家等词，后两个音节都读轻声。而普通话里除了“大师傅、小姑子、大姑子”有限的几个词语外，很少有读连续多音节轻声的词。由此看来，莱州人要学好普通话的轻声还要下很多功夫。学习普通话的轻声，有规律的轻声词比较好掌握，从词形上比较容易识别和判断。较难把握的是规律性不强的那一部分。

1. 分清普通话的必须轻声和非轻声的“子”“头”的词语

前面说过普通话里有些音节处于词语的末尾，有轻读和重读两种情况，常见的主要是“子”“头”“巴”几个。这几个音节位于词语的末字时，有的重读，有的轻读，不可一概而论。该重读而读成了轻声，或者该轻读而读成了重读，都是错误的。所以，我们要分清楚哪些是重读的词，哪些是轻读的词。

【正音训练】

（1）以下词语的末字“子”“头”普通话重读，不可读成轻声

——子 才子 臣子 电子 公子 瓜子 离子 莲子 女子 棋子 松子
太子 学子 游子 幼子 原子 父子 王子 甲子 仙子 赤子

——头 开头 空头 山头 针头 埋头 眉头 墙头 口头 洗头 钻头 线头
白头 笔头 床头 带头 点头 低头 回头 巨头 街头 剃头 源头

（2）以下词语的后字“子、头”普通话一律读轻声

阴平+子——包子 鞭子 村子 刀子 鸽子 钩子 沙子 筛子 梳子
阳平+子——鼻子 脖子 虫子 房子 茄子 儿子 孩子 猴子 橘子
上声+子——本子 尺子 胆子 点子 斧子 稿子 谷子 饺子 领子
去声+子——步子 担子 豆子 肚子 盖子 柜子 棍子 镜子 句子
阴平+头——风头 丫头 跟头
阳平+头——锄头 来头 馒头 前头 拳头 舌头
上声+头——镐头 骨头 里头 码头 找头 枕头
去声+头——罐头 后头 浪头 念头 盼头 外头 下头 芋头 赚头

2. 读准普通话无规律的轻声词

常用的普通话无明显规律的轻声词，莱州方言里一般也读成了轻声词。另外有些普通话不读轻声的词，方言也读成了轻声，这是应力求避免的问题。规律性不强的轻声词无明显的规律可循，这是大家学

习的重点和难点。而且哪一些该读轻声，哪一些不该读轻声，有一定的差异。《普通话水平测试实施纲要》中收录必读轻声词语594条，我们必须完全掌握。[①]

【正音训练】

阴平+轻声——苍蝇 称呼 耽误 灯笼 风筝 甘蔗 高粱 胳膊 姑娘

阳平+轻声——裁缝 福气 含糊 核桃 合同 狐狸 麻烦 粮食 脾气

上声+轻声——帮手 本事 比方 打扮 打量 点心 口袋 老婆 暖和

去声+轻声——棒槌 大方 豆腐 队伍 干事 告诉 怪物 护士 厚道

以上词语选自《普通话水平测试实施纲要》必读轻声词语表。[②]

（二）读准去声的变调

两个去声字相连，前面的去声由51变53，即降低的幅度比单字调要小。莱州人学说普通话去声有两点值得注意：一是要读准普通话的去声调值，普通话的去声起点从5度开始，下降到1度。方言中的起点较低，多是从3度或2度开始下降，要纠正为从5度开始；二是普通话的去声在去声前变为53，降不到最低的1度，要避免将前字读为51调。

【正音训练】

霸占 拜会 备用 并列 部队 倡议 大炮 代号

待遇 道歉 地带 富裕 快乐 利益 庆祝 训练

（三）读准"一""不"的变调

普通话的"一"单字音读阴平55，而阴平作四声的前字都不变调，按说"一"也不该变调；"不"单字音读去声51，而去声作前字，只在去声前变为半降的53，按说"不"也应按此规律变调。可

①国家语言工作委员会普通话培训测试中心. 普通话水平测试实施纲要[M]. 北京: 商务印书馆, 2022: 276.

②国家语言工作委员会普通话培训测试中心. 普通话水平测试实施纲要[M]. 北京: 商务印书馆, 2022: 277.

是，特殊的是“一”和“不”都没有按照其他同类字的读法变调或者不变调。目前，尚未见到莱州方言的“一”和“不”变调规律跟其他同类字的变调规律不一致的记录和报道。莱州人有必要全面掌握普通话这两个特殊字的变调规律。

【正音训练】

下列词语的“一”字在阴平、阳平、上声前由55调变读为去声51调；在去声前则由55变为阳平35调。

一+阴平——一般 一边 一身 一生 一心 一瞥 一经 一些

一+阳平——一连 一旁 一齐 一同 一直 一如 一头 一无

一+上声——一点 一举 一起 一手 一口 一体 一准 一总

一+去声——一半 一旦 一道 一度 一共 一刻 一面 一致

以下词语的“不”字在去声前由51变调为阳平35，在其他声调阴平、阳平、上声前不变调（词语略）。

不+去声——不必 不但 不当 不定 不断 不愧 不料 不论 不测 不错 不待 不住

（四）读准上升的变调

在普通话语音中，两个以上或三个上声相连，前边的上声字都要变成近似阳平调35调。不少人读不好这种变调，常常把应该上扬的35调读成了平调。这纯是受方言影响的结果。莱州方言中的阴平调是降升调，在方言中两个降升调相连时，前一个音节变成了平调，如“天空、中央、阴天、花生”等。如果我们不去正确把握变调读音，而把方言这些变调现象毫不改变地带到普通话中，结果就成了错误的了。

对这种变调中的错误现象，只有一条纠正方法，即把近似阳平调35调，用夸张的手法，当成阳平（35）调来读就是了。

【正音训练】

上声+阴平——火车 老师 指挥 紧张 普通 主观 本身 柳州

上声+阳平——总结 旅行 可能 有时 以前 小时 委员 仿佛

上声+去声——主任 巩固 土地 美丽 请假 掌握 感谢 保证

上声+轻声——老爷 椅子 喇叭 哑巴 指甲 矮子 李子 有的

上声+上声——老板 勉强 所以 手指 采取 影响 笔挺 理解

上声+上声+上声——选举法 管理组 洗脸水 展览馆 跑马岭 洗染组 草稿纸 水彩笔 孔乙己 请允许 冷处理 耍笔杆

第三节 训练方法

声调训练是普通话训练的首要任务。只有采用科学方法，通过多种形式，进行大剂量的强化训练，才能很好地完成训练任务。进行声调训练，必须做到以下几点：①

1. 先听后练

学习普通话必须体现"口耳之学"的特点。要读准声调，首先要听准声调。如果听得不准，要想把声调读得准确，那是不可能的。练习发音之前，要先通过听音练习，在听觉上分辨出各种声调的特点，要能听得出平调、升调、曲调和降调的区别。可以听老师的示范发音，也可以反复放听录音进行练习。开始时，可以借助手势动作，把四声各自的特点清楚地念出。在把握住四声特点之后，再去进一步严格地按照准确的高低变化，发准、读熟每一个声调。

2. 突破难点

学习普通话四声，牢记每个常用汉字的声调，必须抓住重点，突

---

①王学峰. 怎样练好声调[N]. 语言文字报, 2019-12-18（02）.

破难点。各地方言不同，学习的重点和难点也就各不相同。我们必须根据莱州方言特点，找出自己的学习难点，并按照普通话的规范标准下大力气去学好。

莱州人学习普通话在声调方面存在的主要问题是总体高度不够，阳平升不上去，上声降不下来，去声起音太低。这些就是学习声调的难点。这些难点都直接关系到声带的松紧变化，因此我们可以用“ɑ”按照下列要求对声带的松紧变化进行反复训练，以提高控制声调高低变化的自觉能力。

（1）声带持续拉紧，发从最高到最高的高平调；

（2）声带持续放松，发从最低到最低的低平调；

（3）声带由松逐渐拉紧，发从最低到最高的全升调；

（4）声带由紧逐渐放松，发从最高到最低的全降调；

（5）声带由紧逐渐放松到中度，发从最高到中度的高降调；

（6）声带由中度逐渐放松，发从中度到低的低降调；

（7）声带由低逐渐拉紧到中度，发从低到中度的低升调；

（8）声带由中度逐渐拉紧，发从中度升到高度的中升调；

（9）声带由松到紧再到松，发升降调；

（10）声带由紧到松再到紧，发降升调。

3. 搞好对应

学习普通话，除要能正确发准普通话四声外，还要正确掌握每个汉字的声调类别。数千常用汉字，如果一个一个去背记，困难是相当大的。最科学的方法是搞好对应，即根据汉字在声调上的内在规律，利用方言声调去掌握普通话声调的科学方法。绝大多数汉字，普通话与莱州方言的调类是对应的，即普通话读阴平的字，莱州方言也读阴平，普通话读阳平的字，莱州方言也读阳平等。掌握了这种对应关系，就可以利用自己的方音来类推普通话的读法。如前所讲，莱州方言虽然也有阴平、阳平、上声三个调类，但实际读法和普通话有很

大差异。相同的调类但实际读法不同。普通话中的阴平、阳平、上声字，在莱州话中多数读得像普通话的上声（调值213）、去声（调值42）、阴平（调值55）。训练时我们只要把自己方言中读213调的字改成55调，42调改成35调，55调改成214调就可以了。

4. 对症下药

对声调训练中发现的错误，要根据具体情况采取科学有效的方法，对症下药、有的放矢地加以纠正。如果只是一味盲目训练，其结果势必是费力不少，效果不好。常用的方法有：

（1）象形法。如四个声调的具体念法，可以通过形象比喻，也可以运用手势动作演示。这种方法既可以听得见，也可以看得见，便于初学者接受，是一种很好的形象视听训练。

（2）口诀法。口诀通俗易懂，言简意明，上口顺嘴，好学好记。普通话四声的发音可以用下面口诀帮助学习记忆：一声发音高又平，二声由中往上升，三声低降转上扬，四声高降到底层。

（3）导引法。普通话语音的阳平调，是一个由中度升到最高的中升调。莱州方言缺少这种升调，学习起来普遍感到困难。单发四声时，阳平出现的主要缺点是起音太高或起音较低。其主要原因是把握不住起音的高低度数。起音过高或过低都是不对的。要下气力练好阳平，训练时可以用导引法把去声字和阳平字连起来读，用去声字的下降来引发阳平的起点，这样既可以把握住起音的高低度数，又可以避免尾音升不高的现象，例如：菜园、树林、地图、不能。也可以用导引法把阳平字和阴平字连起来练习，例如：明天、原因、名称、文章。还可以用导引法把阳平字和去声字连起来练习，例如：陪伴、评定、奇迹、名胜。

（4）限制法。如上声起音高降不下去的缺点，可以用去声和上声相连的词语进行练习，运用去声的下降趋势限制上声的起音，就可以使上声起音高降不下去的错误得到纠正。例如：退场、握手、秀美、样品。

（5）假设法。如两个上声相连，前一个上声要变成上扬的35调，不少朋友把这种变调读得太平，升得高度不够。纠正这种错误就可以用假设法，把前一个上声字当成阳平来读，就不会再错读成平调了。

5. 牢记入声分类

声调中的问题，除前边讲的发音不正确外，还有另一个影响说话质量的问题，就是有些字的声调类属不对。即本来应是去声字错读成了阳平字，或本来是阴平字错读成了上声字。存在这一问题的主要原因是古汉语发展成今天的现代汉语，有些字的分化归类，在方言和普通话中走了不同的两条道路，最突出的是古代的入声字。在现代汉语中，入声字已经基本不再存在，它分别归入到其他声调中去了。但哪些字归到了哪一类，各地方言并不一致。像“急、竹、局、杂”等字，在普通话中归到了阳平类。而在莱州方言中，“局、杂”和普通话相同也归在阳平调内。而“急、竹”却归入了上声内。像“急、竹”之类的字，莱州人很容易错读成214调。这样的字不是很多，只要我们逐个牢记就可以了。

第二章 声 母

第一节 普通话声母

学习普通话的声母，需要牢记两点：一是要记住声母的发音部位，即每个声母发音时是由哪两部分的器官构成阻碍的；二是要记住声母的发音方法，包括发音时气流通过发音器官时克服阻碍的方式，声带是否颤动，气流的强弱等。对于莱州人来说，掌握普通话的发音方法不大成问题，问题较大的是发音部位常常掌握不准。因此，在练习普通话声母发音时，不仅要明确每个声母的发音方法，更要注意弄清楚声母的发音部位，不然，就很容易出现语音错误和语音缺陷。下面从发音部位和发音方法两方面来讲解。

一、发音部位

发音部位是指声母发音时发音器官对发音气流构成阻碍的位置。[①]

①罗福腾. 方言与普通话教程[M]. 济南: 山东省新闻出版局, 1998: 35.

按发音部位的不同，普通话21个辅音声母可分为以下七类：[①]

1. 双唇音 由上唇和下唇构成阻碍。有b、p、m 3个声母。

b——颁布 辨别 斑白 包办 奔波 标兵 版本 把柄

p——偏僻 偏颇 批评 批判 澎湃 乒乓 评判 婆婆

m——秘密 面貌 美妙 美满 木棉 明媚 买卖 盲目

2. 齿唇音 由上齿和下唇构成阻碍。仅f 1个声母。

f——方法 反复 非凡 芬芳 风范 丰富 发音 仿佛

3. 舌尖前音（也叫平舌音） 由舌尖和上齿背构成阻碍。有z、c、s 3个声母。

z——自在 祖宗 罪责 粽子 自尊 做作 总则 走卒

c——仓促 猜测 粗糙 措辞 摧残 苍翠 参差 此次

s——松散 诉讼 搜索 琐碎 嫂嫂 思考 随俗 四散

4. 舌尖中音 由舌尖和上齿龈构成阻碍。有d、t、n、l 4个声母。

d——单独 道德 大豆 达到 担当 顶点 带动 毒打

t——梯田 天堂 推脱 淘汰 妥帖 滩涂 跳台 吞吐

n——男女 泥泞 恼怒 能耐 牛奶 农奴 扭捏 年年

l——历来 流利 伶俐 联络 拦路 劳力 伦理 履历

5. 舌尖后音（也叫卷舌音、翘舌音） 舌尖卷起和硬腭构成阻碍。有zh、ch、sh、r 4个声母。

zh——庄重 珍珠 指针 主张 追逐 招展 周折 终止

ch——车床 出差 戳穿 超产 拆除 冲茶 长城 抽查

sh——设施 时尚 杀伤 上升 山水 手术 生疏 述说

r——人人 仍然 柔软 容忍 闰日 软弱 忍让 荣辱

①唐作藩. 汉语音韵学常识[M]. 北京：商务印书馆，2018：15.

6. 舌面音 由舌面和硬腭前部构成阻碍。有j、q、x 3个声母。

j——积极 击剑 酒精 拒绝 奖金 胶卷 进军 结局

q——齐全 全球 窃取 请求 强权 亲戚 铅球 娶亲

x——写信 修学 形象 喜讯 详细 现象 信箱 虚心

7. 舌根音 由舌根和软腭构成阻碍。有g、k、h 3个声母。

g——各国 灌溉 古怪 公告 广告 更改 杠杆 高贵

k——可靠 宽阔 困苦 框框 慷慨 开口 坎坷 亏空

h——荷花 欢呼 呼唤 火花 航海 憨厚 好坏 后悔

二、发音方法

声母的发音除了与发音部位有关外，还跟发音方法有密切关系。[①]比如说，b、p、m同属于双唇的部位，而音色并不相同。原因就在于它们的发音方法有所差别。所谓发音方法，就是声母发音时发音器官构成和消除阻碍的方式、气流的强弱、声带是否颤动等。

按照构成和消除阻碍方式的差别，可以把普通话21个辅音声母分为5类，即：

1. 塞音 发音部位紧闭，堵住气流，然后突然放开，气流爆破而出。包括b、p、d、t、g、k 6个声母。

2. 擦音 发音部位靠近，形成窄缝，气流从窄缝中自然流泄出来。包括f、h、x、s、sh、r 6个声母。

3. 塞擦音 先把发音部位闭紧，堵住气流，紧接着稍稍放开，形成窄缝，让气流从缝隙中摩擦出来。包括j、q、zh、ch、z、c、6个声母。

4. 鼻音 发音部位紧闭，堵住口腔气流的流通，同时软腭下垂，打开鼻腔通道，使气流从鼻腔出来。包括m、n 2个声母。

---

①罗福腾. 方言与普通话教程[M]. 济南: 山东省新闻出版局, 1998: 35.

5. 边音 舌尖顶住上齿龈，软腭上升，堵住鼻腔的通道，使气流从舌头两边出来。只有1个声母l。

按照声母发音时送出气流的强弱，可以把塞音、塞擦音的声母分为两类：送气音和不送气音。气流较强的音叫送气音。气流较弱的音叫不送气音。普通话的送气音声母共有6个：p、t、k、q、ch、c。不送气音也有6个：b、d、g、j、zh、z，分别跟送气的6个声母相配对。

按照声母发音时声带是否振动，又可以把21个声母分成清音和浊音两类。发音时声带不振动的音叫清音。发音时声带振动的音叫浊音。普通话的清音声母有17个：b、p、f、d、t、g、k、h、j、q、x、zh、ch、sh、z、c、s；浊音4个：m、n、l、r。

第二节 声母辨正

把莱州话的声母系统和普通话的声母系统相比较，有相同之处，也有不少不同之处。莱州人学习普通话时，对于没有差别的声母要继续读准、读好，对于有差别的地方应格外加以注意，并把它作为重点不停地练习，坚决掌握。

普通话和莱州方言的声母差异有这样几种对应情况：一是普通话里有的，方言里没有；二是方言里有的，普通话里没有；三是普通话和方言里都有，但二者所涉及的字词有一定的出入。比如说，普通话里的b、p、m、f、g、k、h等声母，莱州话里也存在；而普通话里的r声母，莱州话里就没有。

一、b、p、m、f

莱州话的b、p、m、f声母，在发音和字的归类上与普通话基本上没有什么差别。

二、读准d、t、n、l

1. 普通话的d、t、n、l是舌尖中音，发音时舌尖顶在上齿龈（俗称牙花子）的内侧。有的人发这4个音时，舌尖顶在上齿背内侧，有时甚至顶在上齿尖儿上，几乎能看到快伸出来的舌尖儿来了。这说明同是d、t、n、l，普通话和莱州话在发音部位上不一样。因此莱州人发的d、t、n、l是有缺陷的。改正的方法是发音时一定把部位摆正确，舌尖儿要紧顶在上齿龈上。

2. 普通话的n声母字，莱州方言分为三种情况：①

（1）普通话n声母与齐齿呼和撮口呼相拼的字，方言中发音部位偏后，实际读成舌面前音[ȵ]，如：尼妞女。n、[ȵ]发音的差别在于阻碍部位不同，发n时是舌尖抵住上齿龈，发[ȵ]时是舌面顶住硬腭前部。莱州话里也有正确的n，如“奴、脑”等字的声母。因此在遇到n拼i、ü或以i、ü开头的韵母时，要注意这些字的声母发音部位必须前移到位，用舌尖抵住上齿龈，而不用舌面顶住硬腭前部，发成“奴、脑”等字一样的n就可以了。

（2）普通话n声母与齐齿呼和撮口呼相拼的部分字，莱州话里声母n失落变成了零声母字，如把“虐待”说成“月待”，“酝酿”说成“酝样”，说普通话时要加声母n（而不是[ȵ]）。

---

①王学峰. 山东莱州方言与普通话语音差异分析[J]. 鲁东大学学报（哲学社会科学版）, 2019, 36（03）: 41.

（3）莱州话中，声母n读成了m或l，如把“黑泥”说成“黑密”，把“鲜嫩”说成“鲜lèn”。

下面是n声母字发音对照表。

表2-1 n声母字发音对照表

莱州话声母	例字	普通话声母
[ȵ]	尼呢匿腻溺黏念碾扭纽捻宁年鸟尿你您娘女霓牛捏	n
零声母	虐疟酿	
m	泥	
l	嫩馁	

【正音训练】

南宁 女奴 牛年 泥泞 虐待 酝酿 气馁 鲜嫩

三、读准z、c、s，不要发齿间音

普通话的舌尖前音z、c、s，莱州绝大多数地区（北区、中区）的发音部位跟普通话一致。而在南区部分乡镇（毗邻青岛、潍坊市的沙河、土山、夏邱等乡镇）读成了齿间音[tθ tθh θ]。发音时舌位摆得不正确，把舌头放在上下齿之间，即“大舌头”现象。①跟普通话的发音相比，发音部位有较大差距。普通话发z、c、s时，由舌尖和上齿龈构成阻碍，舌尖抵在上齿背的内侧。而齿间音则是把舌尖外伸，放在上下齿之间。纠正的方法是，发音时要把舌尖利利索索地放在上齿背后，一定不能把舌头伸到外边来。

①王学峰. 山东莱州方言与普通话语音差异分析[J]. 鲁东大学学报（哲学社会科学版），2019, 36（03）: 41.

【正音训练】

在座 藏族 自责 苍苍 寸草 催促 洒扫 松散

四、读准zh、ch、sh

普通话读zh、ch、sh声母的字，莱州方言与普通话不完全一致，一般有以下两类情况：

1. zh、ch、sh读成z、c、s。这种发音在莱州方言中不同程度地存在着。普通话里一部分读zh、ch、sh声母的字，在莱州方言中、北区，许多人读成了z、c、s，造成zh、ch、sh和z、c、s分不清，如：支＝资、虫＝丛、山＝三。往往把“三哥上山吃柿子”读成“三锅丧三次四子”。发音时，舌头平伸，不会上卷。现在来看，这一问题已经成为莱州人学习普通话的最大障碍之一。

zh、ch、sh和z、c、s的发音区别是发音部位不同，前者是舌尖后音，后者是舌尖前音，即zh、ch、sh发音时舌尖要翘起来，抵住或接近硬腭前部（俗称“小搓板”位置）；z、c、s发音时舌尖抵住或接近上齿背。

纠正的方法是，首先要学会发普通话的zh、ch、sh。发音时，舌尖和舌面同时卷起，抵在硬腭上。其次要牢牢记住自己方言里的z、c、s的字，哪些是普通话读zh、ch、sh声母的，哪些是不读zh、ch、sh声母的，不要矫枉过正，把普通话该读z、c、s的字也读成了zh、ch、sh。

2. zh、ch、sh读成舌叶音。普通话读zh、ch、sh声母的一部分字，莱州方言读成了舌叶音[tʃ tʃh ʃ]。舌叶音就是由舌尖及舌面跟上齿龈、硬腭间形成阻碍而发出的音，发音部位比z、c、s靠后，而比j、q、x靠前。

莱州方言读舌叶音的字，都应统一到普通话zh、ch、sh的标准语音中去。经过筛选，莱州方言中的下列字易读成舌叶音，应注意辨

正。这29个字是：占程章吃招抽遮出正善真商治绍周射主身蝉胜昌拾朝收车叔陈傻说。莱州方言南区的所有zh、ch、sh声母的字，发音均是舌叶音。好多人没有意识到发音时舌位向上卷得不够，还以为跟普通话没有什么差别，其实其发音是不太标准的。

【正音训练】

善射 超车 昌盛 招生 遮身 射出 真主 章程 商社 正直 车床

五、读准r

莱州方言中没有r声母。[①]实际上r是与舌尖后音zh、ch、sh同部位的一个浊擦音。发音时舌尖上翘，接近硬腭前部，留出窄缝，软腭上升，堵塞鼻腔通路，气流振动声带，从窄缝中挤出，摩擦成声。

普通话里的r声母字，莱州话有三种读法：①普通话里的r声母只拼开口呼、合口呼韵母，而莱州方言大部分都读成了零声母，韵母也相应地变成了齐齿呼、撮口呼。结果造成跟其他y声母（即零声母）字合为一类，例如：染=眼yǎn、软=远yuǎn、绕=要yào、乳=雨yǔ；②一部分字r声母读成了l 声母，例如：扔=冷lěng、锐=luèi、蕊=累lěi、辱=路lù；③还有一个字“瑞”，r读成了s/sh声母。莱州方言中、北区读s声母suì；南区读sh声母shuì。[②]

【正音训练】

仁人 闰日 容忍 软弱 仍然 荣辱 祥瑞 尖锐

六、读准j、q、x

普通话声母j、q、x的产生“不会晚于十八世纪”，只有400多年的

①王学峰. 山东莱州方言与普通话语音差异分析[J]. 鲁东大学学报（哲学社会科学版），2019, 36（03）: 40.

②史崇寿. 莱州人学习普通话指要[M]. 北京: 作家出版社, 2001: 8.

历史。①

莱州方言分尖团。普通话中读j、q、x声母的字，在莱州方言中声母分为两套：尖音和团音。尖音发音部位靠前，读成舌尖前声母z、c、s（[ts tsh s]），例如：济、七、西；团音发音部位靠后，读成舌面中音声母[c ch ç]，例如：鸡、气、戏。也就是说，莱州方言的尖音比普通话的j、q、x靠前，发成了z、c、s，团音却比普通话的j、q、x靠后，发成了g、k、h。从学习普通话声母角度讲，尖音和团音都是错误的。只有把尖音和团音都统一到普通话的j、q、x读音中去，才是正确的。下面是莱州方言j、q、x尖团辨正表。②

表2–2 读准j q x

例字	普通话声母	莱州方言声母
济积缉绩迹即煎笺渐尖荐浆匠将奖椒焦接节姐睫津尽进晋精晶净靖揪酒爵绝隽俊峻	j	z[ts]（尖音）
鸡击基激极几家佳加架假兼肩好坚间姜江讲僵降交胶郊浇娇结揭杰禁金仃仅紧京经警竟径起九究韭救鞠居菊举巨卷绢捐鹃觉决倔抉诀军均钧郡君	j	[c]（团音）
七漆栖戚签千前潜浅抢墙呛跷悄瞧劁切且妾窃亲侵秦吣青晴情秋囚鳅酋趋取趣金泉诠雀	q	c[tsh]（尖音）
气期蹊祁旗汽恰洽掐谦牵钳遣堑腔强锵乔巧荞翘撬茄锲怯勤琴芹禽轻顷庆倾穷琼穹丘求球区渠曲去屈圈拳权犬劝缺却确群裙	q	[ch]（团音）

①唐作藩. 普通话语音史话[M]. 北京: 商务印书馆, 2018: 49.

②王学峰. 山东莱州方言与普通话语音差异分析[J]. 鲁东大学学报（哲学社会科学版）, 2019, 36（03）: 41.

续表

例字	普通话声母	莱州方言声母
西夕昔息习鲜仙先羡线镶相翔象消小笑些邪写泄辛新心信星性姓羞修袖秀需须徐序宣旋选削雪循旬寻迅	x	s[s]（尖音）
喜溪希吸戏虾匣下狭夏掀弦贤显现香乡响项享晓效孝校协携械挟蝎欣鑫昕兴刑型行杏兄凶胸雄熊休朽嗅虚许畜旭恤玄悬轩学穴勋熏驯训	x	[ç]（团音）

【正音训练】

机器 激情 家乡 讲究 进修 艰巨 气球 全集

七、读准零声母

所谓零声母，是指音节只有韵母、声调，没有声母。普通话开口呼、齐齿呼、合口呼、撮口呼都有零声母音节。如：爱恩袄欧（开口呼）、衣因阳英（齐齿呼）、威外王温（合口呼）、雨运月元（撮口呼）。现代普通话零声母字主要来源于古影、喻、疑、微四母及少部分日母字。

莱州方言中零声母音节读音如下：

1. 普通话的开口呼部分零声母音节（以ɑ、o、e开头的韵母，除er），如“爱、安、袄、欧”等字，莱州方言发音时仍读零声母。此特点具有东莱片性质。“饿、鹅”等字除外，莱州方言读“wo”。

2. 老派莱州方言在开口呼零声母音节加上一个舌根鼻辅音ng[ŋ]。在普通话里ng[ŋ]只能做韵尾，从来不做声母。这种语音现象在岁数比较大的老人身上居多。

3. 普通话合口呼零声母音节（以u开头的韵母），莱州方言发音时添加了一个[v]声母，韵母变成开口呼。如：伟外万位闻。[v]是齿唇浊音，普通话没有这个声母。这属于新派说法，究其原因或是受港台

广播电视的"离心力"影响，或是语音学上发音"方便、自然"的作用。[①]

【正音训练】

安慰 昂扬 耳语 扼要 业余 因为 文雅 威望

第三节 声母训练方法

方言区的人学习普通话，首先要过语音关。而语音的学习又需要从普通话的声母、韵母和声调开始。只有读准了普通话的每个声母，才可以为今后的学习打下良好的基础。[②]

1. 正音法

找到准确的发音部位，掌握正确的发音方法。凡是方音较重的人，大多是发音部位和发音方法错误的缘故。所以，要辨正方言声母，首先要确立正确的读音，这是学好普通话、纠正方音的关键，也是下面各种方法的基础。只有掌握了正确的发音，读准普通话标准音，才能辨析方音。

2. 模仿法

在正准音的基础上，经常模仿中央电视台播音员的播音，《新闻联播》可以跟说、学说；看电影、话剧，也可以在不影响别人的情况下，默默地模仿普通话标准音。但是，港台电影、电视剧发音不够准

①钱曾怡. 汉语方言研究的方法与实践[M]. 北京: 商务印书馆, 2009: 42.

②王学峰. 巧学普通话声母[N]. 语言文字报, 2019-01-23（02）.

确，不应模仿，也不应模仿刚学会普通话的人的发音来说。

3. 比较辨析法

有比较才有鉴别，在掌握正确的发音要领、方法之后，要经常辨析语音的正确与否。如：zh、ch、sh和z、c、s混淆，可以经常利用下列形式的字词进行对比练习。

zhǔ　zǔ　chū　cū　shū　sū

主——组　出——粗　书——苏

对比二者差异，读读这个，再读读那个，有利于辨析方音，学会标准音。

4. 分类法

这种方法可以有效地分清方音错误的类型，有利于有的放矢地辨析方音，如，莱州方言读zh、ch、sh声母有多种错误，用分类法，就可分成以下几种：

（1）zh、ch、sh与z、c、s混淆；

（2）z、c、s错读成zh、ch、sh；

（3）zh、ch、sh错读成舌叶音。

这样，初学者可以一目了然，心中有数，辨析起来也较容易了。

5. 筛选法

我们处在一个方言语音的海洋包围之中。方言语音中，哪些是正确的？哪些是错误的？我们只有以准确的发音为标准，通过认真辨析，把错的精心筛选出来，逐个纠正，这样才能收到事半功倍的效果。例如前面讲过的莱州话中把zh、ch、sh读成舌叶音[tʃ tʃh ʃ]的字，经过筛选，找出29个常用的代表字（不含同音字），利用这些代表字进行重点练习，就可为我们莱州人学习普通话，确立了标准音，使辨正方音明确了主攻目标。

6. 同音字类推法

莱州方言区，把普通话声母zh、ch、sh读成舌叶音[tʃ tʃh ʃ]，如前

所述，有29个代表字。同音字类推法，就是把其他的同音字按照代表字进行归类，然后重点加以练习和记忆。

这种方法是在筛选法基础上使用的。筛选法是点，确立了声母辨正的重点。同音字类推法是面——覆盖全面，突出了训练内容，为彻底纠正方音扫平了道路。

7. 偏旁类推法

如“中”作声旁的字，都读翘舌音，如“忠、钟、种、肿”；“宗”作声旁的字，都读平舌音，如“综、棕、粽、踪”。

同样道理，zh、ch、sh为声母的字，如“只、支、者、朱”等都是舌尖后音，以这些字为声旁的字，也大都读舌尖后音。又如，z、c、s为声母的字，“子、才、从、司”等是舌尖前音，以这些字为声旁的字，也大都读舌尖前音。

8. 积累法

学习语言不是一朝一夕的事情，非下苦功不可。普通话字音那么多，只有多听、多思、多看、多练，记住、记牢，才能说好普通话。只有天天读，月月读，反复读，才能提高自己的语言素质。

学说普通话声母，必须有重点、有意识地多读多练，日积月累，不愁收不到良好的效果。

第三章　韵　母

第一节　韵母的分类与发音

一、韵母的分类

韵母是指一个音节中声母后面的部分。[①]如zhèn（振）、xīng（兴）、zhōng（中）、huá（华）中的en、ing、ong、ua。

普通话韵母共有39个，[②]主要由元音构成，有的韵母由元音加鼻辅音构成。韵母的范围大于元音。元音是由声带振动、气流通过口腔时不受阻碍而发出的音，它的不同音色是由口形开合、舌位高低前后、唇形圆展的不同造成的。

韵母按结构可以分为单韵母、复韵母、鼻韵母三类。其中单韵母有10个：ɑ、o、e、ê、i、u、ü、-i（舌尖前）、-i（舌尖后）、er；复

①罗福腾.方言与普通话教程[M].济南：山东省新闻出版局，1998：26.

②国家语言工作委员会普通话培训测试中心.普通话水平测试实施纲要[M].北京：商务印书馆，2004：17.

韵母有13个：ia、ua、ie、uo、üe、ai、ei、ao、ou、uai、uei、iao、iou；鼻韵母有16个：an、ian、uan、üan、en、in、uen、ün、ang、iang、uang、eng、ing、ueng、ong、iong。

按韵母开头元音的性质则可以分为开口呼、齐齿呼、合口呼、撮口呼，简称“四呼”。（1）i或i开头的韵母叫齐齿呼韵母。（2）u或u开头的韵母叫合口呼韵母。（3）ü或ü开头的韵母叫撮口呼韵母，（4）不是i、u、ü开头的韵母叫开口呼韵母。

二、韵母的发音

（一）单韵母

由一个元音构成的韵母叫单韵母，又叫单元音韵母。[①]普通话的10个单韵母根据元音发音时所起作用的部位和状态的不同，可分成舌面元音韵母、舌尖元音韵母、卷舌元音韵母三类。

1. 舌面元音韵母

a——舌面、央、低、不圆唇元音。发音时口大开，舌位低，舌头居中央（不前不后），双唇是自然状态。发音时声带振动，气流自口腔出来。元音a独自成为音节，或用作单韵母，或与介音i、u构成复韵母ia、ua时，舌位在当中最低处。如果把a的舌位向前移一点，或向后移一点，也发出a音，但是声音稍有不同。例如：

发达 大妈 大麻 大厦 打靶 拉萨 喇叭 马达

o——舌面、后、半高、圆唇元音。发音时，口半闭，舌位半高，舌后缩，唇拢圆。发音时声带振动，气流自口腔出来。普通话里这个韵母只拼b、p、m、f四个声母。例如：

①周萍, 王红梅, 李唯. 中职生口语交际与应用[M]. 北京: 中国纺织出版社, 2018: 186.

薄膜 伯伯 婆婆 泼墨 默默 磨破

e——舌面、后、半高、不圆唇元音。发音状况与o基本相同，但双唇要自然展开。发音时声带振动，气流自口腔出来。例如：

割舍 客车 折射 菏泽 特色 色泽 社科 隔热

ê——舌面、前、半低、不圆唇元音。发音时，口半开，舌位半低，舌头前伸，舌尖抵住下齿背，唇形不圆。ê在普通话里不与其他韵母相拼，自成音节的也只有一个字“欸”。ê的主要用处是与i、ü结合，构成ie和üe两个复韵母。

i——舌面、前、高、不圆唇元音。发音时，唇形呈扁平状，舌头向前伸，舌尖抵住下齿背。练习时，尽量把口腔打开些，舌位稍后些，这就是“窄元音宽发”。例如：

笔记 脾气 机器 记忆 毅力 低级 提起 利益

u——舌面、后、高、圆唇元音。发音时，舌根后缩抬起接近软腭但不发生摩擦，口腔开口度很小，双唇拢圆，声带颤动，气流自口腔出来。例如：

出土 督促 补助 姑夫 糊涂 祖母 瀑布 赌徒

ü——舌面、前、高、圆唇元音。发音状况与i基本相似，区别在于ü要圆唇，而i不圆唇。例如：

女婿 区域 徐徐 语序 语句 雨具 旅居 居于

2. 舌尖元音韵母

-i（舌尖前）——舌尖前、高、不圆唇元音。发音时，舌尖前伸，靠近上齿背，气流通路虽狭窄，但气流通过时不发生摩擦，唇形不圆。普通话念“资”并延长，或者将zi、ci、si发音拖长，字音后面部分就是-i（舌尖前）。这个韵母只出现在平舌声母z、c、s之后，不跟其他声母相拼。例如：

自私 此次 子嗣 四次 赐死 孜孜 刺字 恣肆

-i（舌尖后）——舌尖后、高、不圆唇元音。发音时，舌尖上翘

靠近硬腭前部，气流通路虽狭窄，但气流通过时不发生摩擦，唇形不圆。用普通话念“知”并延长，或者将zhi、chi、shi、ri发音延长，字音后面部分就是-i（舌尖后）。这个韵母只与声母zh、ch、sh、r有拼合关系。例如：

制止 直指 知识 支持 值日 日食 十日 市尺

3. 卷舌元音韵母

er——卷舌、央、中、不圆唇元音。er是个带有卷舌色彩的央元音e[ə]，称卷舌元音。发音时，口形略开（开口度比ê[ɛ]略小），舌位居中，稍后缩，唇形不圆，在发e的同时，舌尖向硬腭卷起，声带振动，气流自口腔出来。er是十个单韵母中唯一用双字母来表示的，e表示舌位，r表示卷舌动作。er这个韵母单用时只用于“儿、尔、耳”等几个字，另外主要用在儿化韵里。例如：

儿歌 二心 而且 耳朵 二黄 儿戏 儿化 而今 偶尔

（二）复韵母

复韵母是由两个或三个元音结合而成的韵母。①普通话的复韵母一共有13个，即ɑi、ei、ɑo、ou、iɑ、ie、uɑ、uo、üe、iɑo、iou、uɑi、uei。构成这些韵母的各个元音在韵母结构中所起的作用和分量并不一样，其中必有一个最清晰、最响亮的元音，这个元音就叫主要元音（也叫韵腹），其他元音（在主要元音之前的叫韵头，在主要元音之后的叫韵尾）表示韵母发音时的起点或者移动的方向，发音较轻较短，较含混。

根据主要元音在韵母中位置的不同，可以把13个复韵母分为前响复韵母、后响复韵母、中响复韵母三类。

①李莉. 计算机辅助普通话水平测试训练与应试指导[M]. 郑州：郑州大学出版社, 2018: 14.

1. 前响复韵母ɑi、ei、ɑo、ou

这4个韵母是前响复韵母。发音的共同特点是元音舌位都是由低向高滑动，开头的元音音素是主要元音，发音响亮清晰，收尾的元音音素是韵尾，轻短模糊，只表示舌位移动的方向。口形的运动过程是由大到小。

ɑi——白菜 拍卖 灾害 开采 海带 奶奶 采摘 买卖

ei——北美 配备 妹妹 肥妹 贝类 蓓蕾 非得 酶类

ɑo——报道 跑道 冒号 祷告 讨饶 懊恼 搞好 遭到

ou——口头 走狗 漏斗 欧洲 丑陋 收购 兜售 后头

2. 后响复韵母iɑ、ie、uɑ、uo、üe

这五个韵母是后响复韵母。发音的共同特点是舌位由高向低滑动，开头的元音音素都是高元音，开口度较小，不太响亮，只表示韵母的起点，收尾的元音音素开口度较大，因而响亮、清晰，是主要元音。口形的运动过程是由小到大。

iɑ——加价 恰恰 下家 假牙 压价 下牙 加压 掐下

ie——贴切 铁屑 趔趄 姐姐 谢谢 爷爷 结业 结节

uɑ——娃娃 挂花 画画 耍滑 花袜 挂画 挖挖 挂瓦

uo——硕果 过错 蹉跎 堕落 火锅 坐落 懦弱 骆驼

üe——雀跃 月缺 决绝 绝学 约略 雪月 跃跃 月月

3. 中响复韵母iɑo、iou、uɑi、uei

这4个韵母是中响复韵母。在结构上，这四个韵母是由前响复韵母ɑi、ei、ɑo、ou添加韵头i-、u-而形成的。发音的共同特点是舌位由高向低滑动，再由低向高滑动。开头的元音音素由于开口度较小，所以不太响亮，中间的元音音素开口度大，响亮而清晰，收尾的元音音素仅表示舌位移动的方向，轻短且模糊。口形的运动过程是先由小到大，再由大到小。有两个韵母要特别交代一下。通常认为，复韵母iou在第一声阴平、第二声阳平的音节里，中间的主要元音弱化，舌位动

程主要表现为由i到u，成为iu，所以音节拼写时，如果iou跟声母相拼，中间的o省略不写。复韵母uei的情况与此相类似，中间的主要元音也有些弱化。因而拼写音节时遇有声母跟uei相拼时，韵腹省略不写。

iao——苗条 小巧 萧条 缥缈 吊销 调料 逍遥 叫嚣

iou——优秀 求救 绣球 悠久 牛油 久留 酒友 舅舅

uai——乖乖 怀揣 外快 摔坏 外踝 拐弯 外语 衰落

uei——兑水 追随 水位 回归 汇兑 摧毁 退回 垂危

（三）鼻韵母

鼻韵母是由元音之后加上一个鼻辅音韵尾构成的韵母。[①]普通话韵母有两个辅音韵尾-n和-ng，都是鼻腔发音。韵尾-n的发音同声母n的发音基本相同，韵尾-ng发音时舌根抬起与软腭接触（部位跟g、k、h一样）并堵住气流，使之从鼻腔里出来发鼻音。在普通话里只作韵尾，不作声母。

普通话共有16个鼻韵母，即an、ian、uan、üan、en、in、uen、ün、ang、iang、uang、eng、ing、ueng、ong、iong。这些韵母可以根据-n韵尾的发音部位在前、-ng韵尾的发音部位在后的情况而分成两类：带-n尾的韵母叫前鼻音韵母，带-ng韵尾的叫后鼻音韵母。前鼻音韵母包括：an、ian、uan、üan、en、in、uen、ün，后鼻音韵母包括：ang、iang、uang、eng、ing、ueng、ong、iong。

1. an、en、in、ün

这4个韵母都是由一个元音加一个前鼻音韵尾-n构成。发音时的共同特点是：先发元音（主要元音），在发元音的同时软腭下垂，打开鼻腔的通道，舌尖儿逐渐移向n的位置，最后气流从鼻腔出来。口形先开后合，有一定的动程。例如：

①罗福腾. 方言与普通话教程[M]. 济南: 山东省新闻出版局, 1998: 60.

an——单干 胆敢 谈判 烂漫 汗衫 泛滥 赞叹 难产

en——本分 粉尘 愤恨 根本 门诊 认真 振奋 妊娠

in——濒临 民心 贫民 引进 临近 近邻 辛勤 拼音

ün——军训 均匀 芸芸 菌群

2. ian、uan、üan、uen

这4个韵母都是由两个元音加一个前鼻音韵母-n构成。发音的共同特点是：先发韵头i、u、ü，很快过渡到主要元音ɑ、o、e，在发这两个元音的同时，软腭下垂，打开鼻腔的通路，舌尖逐渐移向n的位置，最后气流从鼻腔出来。口形先小后大再小。值得一提的是，uen韵母跟声母相拼时，受声调影响，主要元音有些弱化，所以拼写时可省略不写。例如：

ian——变天 检验 简便 见面 电线 连绵 田间 前年

uan——贯穿 传唤 专款 换算 婉转 官宦 软缎 酸软

üan——全权 涓涓 圆圈 源泉 远远 轩辕 渊源 捐献

uen——昆仑 论文 温存 温顺 伦敦 蠢蠢 春笋 混沌

3. ang、eng、ing、ong

这4个韵母都是由一个元音音素加一个后鼻音韵母-ng构成。发音的共同特点是：先发元音ɑ、e、i、o，同时软腭下垂，鼻腔通路随之打开，舌位上升，舌根抬起逐渐移向ng的位置，最后气流从鼻腔出来。例如：

ang——帮忙 沧桑 仓房 茫茫 堂堂 当场 厂房 刚刚

eng——更正 丰盛 冷风 风筝 逞能 耿耿 生成 征程

ing——英明 命令 平静 领情 定性 清醒 惊醒 情景

ong——公共 隆重 总统 从容 冲动 成功 恐龙 公众

4. iang、uang、ueng、iong

这4个韵母都是由两个元音音素加一个后鼻辅音韵尾-ng构成。发音的共同特点是：先发韵头i、u，很快过渡到主要元音ɑ、e、o，在发

这两个元音的同时，软腭下垂，打开鼻腔的通路，舌根抬起逐渐移向ng的位置，最后气流从鼻腔出来。这4个韵母的发音动程比较大。例如：

iang——湘江 响亮 洋枪 亮相 两样 想象 江洋 向阳

uang——状况 惶惶 框框 狂妄 装潢 双簧 闯王 矿床

ueng——嗡嗡 渔翁 老翁 水瓮 蕹菜 主人翁 白头翁 瓮声瓮气

iong——囧囧 熊熊 穷凶 汹涌 茕茕 勇敢 窘迫 胸怀

（四）儿化韵

1. 儿化的特点及作用

单韵母er不能前拼声母，但可以自成音节，如“儿、而、尔、耳、二”等。普通话里带“儿”的词有很多，例如：“花儿、侄儿、尖儿”。这时，这个“儿”并不单独构成一个音节，而是跟前边一个音节连在一起，使前一音节的韵母带上一个卷舌动作的尾音，这种现象就是儿化。汉语中发音时带上卷舌动作的韵母就叫儿化韵。①

书面拼写时在原韵母后加一个表示卷舌动作的符号“r”，如：号码儿mǎr、心眼儿yǎnr。

儿化韵并不只是一种纯粹的语言现象，它跟语法、语汇和修辞也有密切关系，可以使汉语在表达上更加严密精确，有一定的修辞作用。主要表现在：

（1）区别意义，例如：

头 tóu 脑袋——头儿 tóur 带头的人

信 xìn 信件——信儿 xìnr 信息；消息

眼 yǎn 眼睛——眼儿 yǎnr 小洞

①山东省语言文字工作办公室. 简明普通话教程[M]. 济南：山东大学出版社，1990: 42.

（2）区别词性，例如：

盖 gài 动词——盖儿 gàir 名词

尖 jiān 形容词——尖儿 jiānr 名词

垫 diàn 动词——垫儿 diànr 名词

（3）表示细小、喜爱、亲切，或者蔑视、厌恶等色彩，例如：

细小——小刀儿 小棍儿 药丸儿 字眼儿 一丁点儿

喜爱——乖乖儿 宝贝儿 脸蛋儿

亲切——老头儿 芝麻官儿

鄙视——光棍儿 小偷儿

厌恶——臭味儿

（4）区别同音词，例如：

邮票——油票儿 公分——工分儿 拉练——拉链儿

2. 普通话韵母儿化规律

（1）韵母的末尾是ɑ、o、e、ê、u的，原韵母不变，只加卷舌动作。符合这一规律的韵母有：ɑ、o、e、ie、üe、ɑo、iɑo、ou、iou。如：号码儿（hàomǎr）、粉末儿（fěnmòr）、唱歌儿（chànggēr）、台阶儿（táijiēr）、小猴儿（xiǎohóur）。

（2）韵母的末尾不是ɑ、o、e、ê、u的，在原韵母加卷舌动作的同时，韵尾应发生一定的变化。

①韵尾是i、n的，儿化时去掉韵尾，主要元音加卷舌动作。符合这一类规则的韵母有：ɑi、uɑi、ei、uei、ɑn、iɑn、uɑn、üɑn、en、uen。如：瓶盖儿（pínggàr）、窍门儿（qiàomér）。

②韵尾是ng，丢掉ng，韵母儿化，加上卷舌动作同时韵腹鼻化。符合这一规则变化的韵母有：ɑng、iɑng、uɑng、eng、ing、ong、iong。例如：电影儿（diànyǐr）、小虫儿（xiǎochór）

③韵母是i、ü的，在原韵母之后加上卷舌韵母er。如：有趣儿（yǒuqùer）、玩意儿（wányìer）。

④韵母是in、ün、ui、un的，丢掉i或n，加er。如：干劲儿（gànjìer）、麦穗儿（màisuer）在主要元音后加er。

⑤韵母是-i（舌尖前、舌尖后）的，去掉韵母，加上卷舌韵母er。如：瓜子儿（guāzěr）、没事儿（méishèr）

（五）“啊”的音变

“啊”在单用时，是叹词，常常出现在句首，它有阴、阳、上、去四种声调，分别表达不同的思想感情。“啊”用在句末是语气助词。“啊”用在句末时，因受前面一个音节末尾音素的影响，读音发生变化。根据变化后的实际读音可写作“呀”“哇”“哪”“啊”。

“啊”的音变有以下几种情况：

1. 前一个音节末尾音素是a、o、e、ê、i、ü的，“啊”读作“ya”，可写作“呀”。例如：

她是你妈啊（mā ya）？

穷人可怎么过啊（guò ya）！

听说你会唱山歌啊（gē ya）！

星期天我们要上街啊（jiē ya）！

一定要注意啊（yì ya）！

我们盼着下雨啊（yǔ ya）！

2. 前一个音节末尾音素是u（包括ao、iao的o）时，“啊”读作“wa”，可写作“哇”。例如：

药真苦啊（kǔ wa）！

这本小说真好啊（hǎo wa）！

你还小啊（xiǎo wa）！

3. 前一个音节末尾音素是n时，“啊”读作“na”，可写作“哪”。例如：

马山泉的水真甜啊（tián na）！

这条路真宽啊（kuān na）！

我们是中国人啊（rén na）！

4. 前一个音节末尾音素是ng时，“啊”读作“nga”，仍写作“啊”。例如：

一定要帮忙啊（máng nga）！

同志们冲啊（chōng nga）！

漓江的水真净啊（jìng nga）！

5. 前一个音节末尾音素是-i（前）时，“啊”读作“[za]”（[z]舌尖前、浊、擦音），仍写作“啊”。例如：

要三思啊（sī [za]）！

好漂亮的字（zì [za]）啊！

6. 前一个音节末尾音素是-i（后）和er（包括儿化韵）时，“啊”读作“ra”，仍写作“啊”。例如：

无知啊！（zhī ra）

多么无耻啊！（chǐ ra）

要实事求是啊！（shì ra）

盛大的节日啊！（rì ra）

忠言逆耳啊！（ěr ra）

多么漂亮的花儿啊。（huār ra）

第二节 韵母辨正

如果把莱州方言韵母与普通话韵母相比较，会发现二者不尽相同。一是普通话里有的韵母，方言里没有，如：ueng；二是方言里有的韵母，普通话里又没有，如：iai[iɛ]；三是有的韵母彼此间仅仅是音

值（具体读音）的不同，如普通话的ɑi、uɑi韵母，莱州方言里也有，但发成了[ɛ]、[uɛ]，明显不准确；四是莱州方言里的一个韵母，对应着普通话的两个韵母或者更多，如韵母ei对应ɑi、o、ei、uei等，把“白菜”说成“bei菜”、“墨水”说成“mei水”、“排队”说成“排dei”；五是莱州方言里的多个韵母相当于普通话的一个韵母。如o韵母的字可以读为e、u、ei韵母的字；e韵母的字可以读为ɑ、ei、uo韵母的字。①

一、单韵母

1. 莱州方言往往把普通话b、p、m、f声母后o韵母读成了e、uo、ei或者u韵母。如“婆婆”方言说成pepe。纠正这个问题的办法，除了注意o和e发音的唇形有区别外，还可利用普通话声母韵母拼合规律帮助矫正。按照普通话拼合规律，b、p、m、f拼o不拼e（“么”字除外）。而在莱州方言里，b、p、m与o相拼的字，都读成了e、ei韵母；声母是f的，均读成了u韵母。

表3-1 o韵母常用字对照表

莱州话韵母	例字	普通话韵母
e	波 拨 玻 坡 婆 破 魄 摸 磨 莫 漠 寞 沫	o
u	佛（佛教）	
ei	伯 迫 墨 默 陌	

2. 普通话中的部分e韵母字，莱州方言分别读成了e、uo、ɑ、ei韵母。①普通话中g、k、h跟e相拼的字和e的零声母字在莱州南区大都读uo韵母，如：哥歌科课贺河饿鹅；而在中区和北区只有h跟e相拼的字

①王学峰. 山东莱州方言与普通话语音差异分析[J]. 鲁东大学学报（哲学社会科学版），2019, 36（03）: 42.

以及e的零声母字读uo韵母。“乐”（lè）字比较特殊，莱州方言不分南中北区，均读luò。②普通话中部分与g、k、h相拼的e韵母字，在莱州方言中被读成了ɑ韵母，如：割渴喝磕。把“割肉”念作“嘎又”，把“喝酒”念作“哈酒”。③莱州方言还把普通话的部分e韵母字读成ei韵母，如：德、客、涩、格。

表3–2 e韵母常用字对照表

莱州话韵母	例字	普通话韵母
e/uo *	戈 疙 胳 搁 哥 歌 阁 嗝 隔 蛤 个 各 蛇 苛 科 蝌 颗 咳（咳嗽）可 课 渴（渴望）盒 核（核桃）和 贺 荷 喝（喝彩）蛾 饿 鹅 讹 恶 乐	e
ɑ	割 葛 疙 蛤 咯 坷 磕 瞌 渴（口渴）喝（喝水）	
ei	客 德 册 隔 勒（悬崖勒马）色 涩 得（得手）	

注：*这部分字，在中区、北区大部分读e，在南区大部分读uo。

还要特别指出的是：莱州方言中发单韵母e时舌位偏前，如“车、社、这”等字；“郭果”等字，不论单念或组词均读ge，不读guo。例如：郭（ge）家店镇、苹果（ge）。

【正音训练】

道德 方格 来客 手册 玻璃 播放 波浪 菠菜 坡地 婆家
破产 迫害 摸底 模范 模型 墨汁 默写 佛法 佛经 佛教
哥哥 唱歌 苛刻 学科 咳嗽 渴望 核桃 祝贺 喝彩 纸盒
讹诈 恶心 快乐 收割 诸葛 瞌睡 口渴 喝水 得手 苦涩
和气 和尚 合格 合理 河流 蛾子 俄语 鹅毛 饿死 割舍
磕碰 瞌睡 喝酒 喝茶

二、复韵母

1. 复元音韵母（简称复韵母）的发音特点是舌位从一个元音音素

向另一个元音音素滑动，即动程。也就是说在复韵母的发音过程中，不管是舌位、唇形，还是口的开合程度都要有所变化。莱州方言中，基本上把二合复韵母读成单韵母，把三合复韵母读成二合复韵母，如把ɑo发成[ɔ]，把iɑo发成[iɔ]。

2. 莱州方言把普通话的部分ɑi韵母字念成ei或[iɛ]韵母。如："白麦太"等字，把"小麦"念成"小mei"。

表3–3 ɑi韵母常用字对照表

莱州话韵母	例字	普通话韵母
ei	掰 白 百 柏 佰 拍 麦 脉 塞 太 摘 宅 翟 拆	ɑi
[iɛ]	矮 挨	

3. 普通话的ie、üe韵母在莱州方言中存有以下两种情况。一种情况是j、q、x拼ie韵母时，ê的开口度较大，下列字普通话同音而方言不同音：界—借、鞋—斜。造成这种误读的原因是莱州方言把ie韵母读成了[iai] 或[iɛi] 韵母。另一种情况是发ê时舌位靠后，如"月、雪、学"等字。发音时应该把舌尖紧紧抵在下齿背上，避免舌位后移，同时还要注意ê的开口度不要太大。

4. 莱州方言把普通话的部分uei韵母字念成ei韵母。在普通话中，与d、t相拼的uei韵母，在莱州话中丢失介音u，读成了ei韵母，如：对、推。此外，莱州南区还把普通话中与z、c、s相拼的uei韵母读成ei韵母，如：醉、崔、岁。普通话中，除了"得、贼"外，d、t、z、c、s不能与ei相拼，凡是莱州方言读成dei、tei、zei、cei、sei的，都应读成dui、tui、zui、cui、sui。

5. 普通话中的部分ou韵母字，在莱州方言中有的读成了ɑo韵母，如：剖、否、缶，把"解剖"读成"解pɑo"，把"是否"读成"是fɑo"；有的读成u韵母，如：某、谋、牟、哞、眸，把"某人"读成"mu人"，把"参谋"读成"参mu"。

【正音训练】

第一组　报道　报告　钞票　嘲笑　高考　号召　教导　渺小　巧妙　逍遥

第二组　白菜　百货　松柏　拍打　小麦　择菜　拆开　住宅　高矮　矮小

第三组　街道　阶层　解除　解放　戒严　世界　介绍　鞋油　械斗　蟹子

　　　　喜鹊　血液　学习　约略　月亮　心血　绝望　决定　缺点　穴位

第四组　堆积　队员　对比　推测　腿脚　退休　嘴唇　最好　罪行　醉鬼

　　　　醉心　摧毁　催眠　脆弱　虽然　随便　随从　隋朝　岁月　隧道

第五组　解剖　剖析　是否　击缶　谋划　谋生　某年　某人　回眸　明眸

三、鼻韵母

1. 莱州方言鼻韵母发音存在的主要问题是鼻尾音发不好，发成了前鼻音单韵母的鼻化音（口腔鼻腔同时出气）。特别是前鼻音韵母这种现象更为明显。发音时，最后舌尖没有抵到上齿龈发出轻微的纯鼻音，而是发成了一种口腔、鼻腔同时出气的鼻化音。辨正时应注意，前鼻音韵母发音收尾时，舌尖必须抵到上齿龈，阻住气流发出轻微的鼻音，以养成发n韵尾的习惯。后鼻音韵尾收尾时，舌根应升向软腭，让气流从鼻孔排出。

2. 在普通话中，与d、t、n、l相拼的uan韵母，在莱州方言中u介音脱落。如：端、团、暖、乱。普通话中与z、c、s相拼的uan韵母字u介音也脱落。如：钻、篡、算。结果下列字同音：端＝单、团＝谈、暖＝难、乱＝烂、钻＝赞、篡＝灿、算＝三。

3. 在普通话中，与d、t、n、l、z、c、s相拼的合口呼韵母uen，在莱州方言中普遍丢失介音u，读成了开口呼韵母en，即丢失了韵头u。如：蹲吞论尊村孙。普通话除了“嫩、恁”二字读en韵母外，d、t、n、l、z、c、s不与en相拼。值得注意的是，莱州方言的“嫩”字读音为len，发音时声母发生变化，由n声母变为l声母。

4. 莱州方言中没有ueng韵母。普通话的ueng韵母字在莱州方言中

并入ong韵母。在普通话中，ueng韵母不和任何辅音声母相拼，只有一个零声母音节“weng”，即“翁、嗡、瓮”等字。因此，莱州话的ong韵母字“翁、嗡、瓮”，应读成weng。

【正音训练】

第一组 安全 参观 单元 反感 观点 艰难 剪短 团圆 展览 元旦

第二组 钻石 钻研 卵石 孪生 算数 算命 酸菜 酸枣 蒜泥 杂乱

第三组 吨位 敦促 蹲点 钝角 吞并 吞吐 囤积 轮船 轮流 论点
伦理 轮班 论文 尊严 村庄 存放 孙女 损坏 损耗 鲜嫩

第四组 洪钟 空洞 从容 总统 老翁 嗡嗡 水瓮

四、儿化韵

莱州方言中的儿化现象比普通话更加丰富和复杂。普通话的儿化主要是韵母的变化，但莱州方言除了韵母要卷舌外，声母还常常伴有变化。①

1. 介音发生变化。d、t、n拼齐齿呼韵母的字儿化时，丢掉i介音，且有滚音[r]出现。结果下列儿化词同音：鞋带儿＝鞋垫儿。

2. 声母发生变化。j、q、x拼齐齿呼韵母的字儿化时，把声母j、q、x读成z、c、s，“白菜心儿”说成“白菜丝儿”，“背心儿”说成“背sir”，“笔尖儿”说成“笔zar”。

3. 个别撮口呼的零声母音节儿化时，ü变成舌尖前高圆唇元音。例如“小鱼儿”说成“小ru”，此种说法仅出现在虎头崖镇的部分村庄（原东宋镇）。而“小雨儿”就无此种说法。

4. 莱州方言zh声母拼合口呼u韵母时，绝大部分儿化词都能符合儿

①王学峰. 山东莱州方言与普通话语音差异分析[J]. 鲁东大学学报（哲学社会科学版）, 2019, 36（03）: 42.

化拼合规律，如把“水珠儿”说成“水zhur”，但“小猪儿”一词是特例。莱州方言把“小猪儿”说成“小锥儿zhuer”。

【正音训练】

刀把儿 号码儿 戏法儿 在哪儿 找茬儿 打杂儿
板擦儿 名牌儿 鞋带儿 壶盖儿 小孩儿 快板儿
老伴儿 蒜瓣儿 脸蛋儿 收摊儿 栅栏儿 笔杆儿
门槛儿 药方儿 香肠儿 瓜瓤儿 掉价儿 豆芽儿
小辫儿 照片儿 差点儿 一点儿 雨点儿 拉链儿
冒尖儿 坎肩儿 露馅儿 心眼儿 鼻梁儿 花样儿
脑瓜儿 大褂儿 笑话儿 牙刷儿 一块儿 饭馆儿
火罐儿 落款儿 拐弯儿 好玩儿 大腕儿 打晃儿
天窗儿 烟卷儿 出圈儿 包圆儿 人缘儿 杂院儿
刀背儿 摸黑儿 花盆儿 嗓门儿 把门儿 纳闷儿
后跟儿 别针儿 一阵儿 走神儿 大婶儿 杏仁儿
刀刃儿 钢镚儿 脖颈儿 提成儿 半截儿 旦角儿
主角儿 跑腿儿 耳垂儿 墨水儿 围嘴儿 打盹儿
胖墩儿 砂轮儿 没准儿 开春儿 小瓮儿 石子儿
没词儿 挑刺儿 锯齿儿 记事儿 针鼻儿 肚脐儿
玩意儿 有劲儿 脚印儿 花瓶儿 打鸣儿 门铃儿
眼镜儿 蛋清儿 人影儿 毛驴儿 小曲儿 合群儿
模特儿 逗乐儿 挨个儿 打嗝儿 饭盒儿 碎步儿
没谱儿 梨核儿 泪珠儿 有数儿 果冻儿 胡同儿
抽空儿 酒盅儿 小熊儿 红包儿 灯泡儿 手套儿
跳高儿 叫好儿 绝招儿 口哨儿 蜜枣儿 火苗儿
跑调儿 面条儿 开窍儿 衣兜儿 老头儿 小偷儿
门口儿 纽扣儿 小丑儿 加油儿 顶牛儿 棉球儿

火锅儿 做活儿 邮戳儿 小说儿 被窝儿 粉末儿①

第三节 训练方法

不标准的韵母发音，就像一个顽疾，让人无可奈何，是许多人的“难言之隐”。但凡久居北京的人都听过一个笑话，西北人因为发不准前后鼻音，将“建国门”说成“见过么”，引起误会。如果你也是来自方言区，韵母发得不标准，有可能也会闹笑话。可见，普通话韵母的发音非常重要。如果不准确，就会产生歧义，影响人际交流与沟通。

那么，如何把普通话韵母发得准确，让你的字音圆润动听呢？②

1. 观察法

观察法是认真观察老师的发音口形，仔细观察各种发音示意图，自己对着镜子观察自己的口形是否符合发音要领等。通过观察学习正确的韵母发音，纠正错误发音。比如o，是圆唇音，发音时唇形的拢圆形状和拢圆程度以及发音过程中有无变化直接决定着发音正确与否。不少人把o发成了复韵母uo，问题就在于发音过程中唇形产生了由小到大的变化。在掌握了o的发音原理之后，通过观察老师的发音口形和自己的发音口形，就可以发准o韵母。另外像u与ü的不同，ia与ua的不同，ian与uan、üan的不同都可以通过观察老师发音时口形的变化，掌握韵母各自的发音特点，并学会其正确发音。

---

①国家语言工作委员会普通话培训测试中心. 普通话水平测试实施纲要[M]. 北京: 商务印书馆, 2004: 247.

②王学峰. 六法巧学普通话韵母[N]. 语言文字报, 2019-03-06（02）.

2. 比较法

比较法是利用已学会的韵母和未学会的或发音有困难的韵母进行比较，弄清楚两者的相同点与不同点。这种方法可以收到事半功倍的效果。比如先学会了i韵母的发音，学ü困难，就可以用ü和i比较发音，只要在i的基础上把唇形变圆就是ü音了。再如先学会了e韵母的发音，学圆唇音o困难，就可以仔细体会发e时舌位的高低、前后和唇形的圆展，在此基础上保持舌位不变，唇形拢圆后发出的就是圆唇音o了。比较的双方没有相同点无法比较，比较的双方没有不同点无须比较。这是运用比较法进行发音训练和正音训练必须注意的一点。

3. 分类记忆法

分类记忆法，是一种对知识的优化记忆方法。普通话韵母数量多，对初学者来说，要想在短时间内全部记住，不能不说是一件难度较大的事情。通过分类记忆，就可以化难为易。韵母分类记忆的基本规律是结构分类和四呼分类的交叉综合。如果按结构分大类，大类中的小类顺序是开口呼、齐齿呼、合口呼、撮口呼韵母；如果按开口、齐齿、合口、撮口分大类，则大类中的小类是单韵母、复韵母、鼻韵母。每小类内部排列的先后顺序是舌面韵母在前，特殊韵母在后；开口度大的在前，开口度小的在后；展唇在前，圆唇在后；音素少的在前，音素多的在后。如复韵母的排列，是先开口呼ai、ei、ao、ou，接下去是齐齿呼ia、ie、iao、iou，合口呼ua、uo、uai、uei，最后是撮口呼üe。其中的开口呼部分，是先展唇的ai、ei，后圆唇的ao、ou，ai与ei又是开口度大的ai在前，开口度小的ei在后。齐齿呼的排列顺序是i、ia、ie、iao、iou、ian、in、iang、ing、iong，其中i是单韵母，ia、ie、iao、iou是复韵母，ian、in、iang、ing、iong是鼻韵母。复韵母是先二合后三合，鼻韵母则是先前鼻音韵母后后鼻音韵母。普通话韵母共39个，如果按照以上这种分类排列、交叉综合优化记忆法进行背记，学习起来就容易多了。

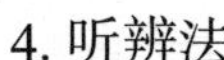

4. 听辨法

某些韵母的区别，有人不只发不准，而且也听不准。我们可以先对这个重点、难点，进行听辨练习。比如学习鼻韵母，可先抓住前鼻音n和后鼻音ng进行听辨，并解释说n的音色窄而细，出气不畅，听感沉闷；ng的音色宽而宏，出气较畅，听感爽朗。这样可以帮助我们从听感上把握住特点，增强辨音能力。然后组织一些听辨练习，反复听辨。如in与ing分辨有困难，可以组成下面这样的练习：

in—ing ing（预先指明顺序一前二后）

ing—in in（预先指明顺序一后二前）

ing ing—in（预先指明顺序两后一前）

in in—ing（预先指明顺序两前一后）

5. 口诀法

口诀法是把那些内容繁杂、难于记忆的知识编成要点突出、言简意赅、便于记忆的韵文、顺口溜来帮助记忆的训练方法。在普通话韵母的训练中，可以用下列口诀熟记韵母的发音特点。

韵母发音特点明，
决定舌位和唇形。
单韵始终无变化，
复韵前后有动程。
鼻音收尾发鼻音，
口腔闭塞鼻腔通。

6. 绕口令法

妙趣横生的绕口令是一种语言艺术，又是很好的气息操和口腔操，是一种吐字归音的练习。在普通话韵母的学习中，我们可以利用这种形式，把一连串韵母相近的字组成“语言链”进行练习，可以把很拗口的话念得声声清、字字准。例如“班干部管班干部”，稍不注意就会念成“班半部管班半部”了。绕口令的材料很多，大家平时可

以收集起来，以备训练之用。

语言是一种习惯，成年以后，要改变从小养成的习惯自然不是一件容易的事。但可以肯定地说，只要方法正确，坚持不懈，经过一个阶段的学习，你的语音面貌会大大改变，就一定会说一口地道的普通话，也一定会让你的“音值”更上一层楼。

第四章　音节拼读

第一节　基础知识

一、普通话音节结构

我们查阅《新华字典》，可以看到正文前面有一个《音节表》，按表中的音节后面的页码去翻开正文，可以发现这个音节下面列了一个或多个汉字。音节所表示的就是汉字的声、韵、调。一般来说，每一个汉字，都至少有一个音节和它对应，但一个音节就不一定只表示一个汉字的读音。

从构成上说，普通话音节一般有声母、韵母、声调三个要素。如音节zhuāng，它的声母是zh，韵母是uang，声调是第一声（阴平）。一般地说，这个音节的韵母中的各个音素，还可以按照所在的不同位置，所起的不同作用分为：韵头（又叫介音，如zhuāng中的u），韵腹（如zhuāng中的a），韵尾（如zhuāng中的ng）三个部分。这样，一个完备的音节由五个部分组成：声母、韵头、韵腹、韵尾、声调。最少，也必须有其中的两个（韵腹和声调，如ā）。[①]

普通话音节中的韵头由i u ü充当，如jiàn（健）、duān（端）、juàn（绢，j和üan拼，省略ü上两点），韵头出现在韵腹前面。韵尾由i、u、o（ao、iao中的o）和n、ng充当，如音节dài（代）、yóu（油）、niǎo（鸟）、dān（单）和dāng（当），韵尾出现在韵腹后面，即音节的最后。至于韵腹，是一个音节中最响亮的音，一般由单韵母a、o、e、i、u、ü来充当。

按“韵头读时轻而短，韵腹读时响而亮，韵尾读时稍模糊”三条原则读一读下列词语，并仔细体会。

康健 kāngjiàn、暖和 nuǎnhuo、开花 kāihuā、俊俏 jùnqiào、波谷 bōgǔ、革新 géxīn、朋友 péngyou、混乱 hùnluàn、解放 jiěfàng

二、普通话声韵拼合规律

音节拼读训练就是把分开的声母、韵母、声调拼合到一起的训练，使声母、韵母、声调构成一个音节读音的训练，也就是我们通常所说的拼音。比如把声母m和韵母a拼合到一起，就成了ma这个音节，查字典，可以查到“马、码、玛”等汉字。

普通话语音音节的拼读，在我们已经学会了声母、韵母、声调发音的基础上，实际上就是声母和韵母的拼合。

普通话里有21个声母，39个韵母，如果按每一个声母和一个韵母相拼产生一个音节来算，应该产生21 × 39=719个不带声调的音节，加上四声，应该有719 × 4=2876个音节。但事实上，第一，并不是每一个声母都能和所有韵母相拼，如b和ü相拼合成bü，普通话里没有这个

①山东省语言文字工作办公室. 简明普通话教程[M]. 济南：山东大学出版社，1990: 91.

音，我们就说声母b和韵母ü不能拼合。第二，并不是每个音节都是四声全有的，比如kan这个无调音节，就只有第一声、第三声、第四声三种形式，即kān、kǎn、kàn。这样一来，普通话里的音节数就少多了，像《现代汉语规范词典》（第3版）这样的工具书，也只在《音节表》中列了1220个左右的带调音节。若去掉较易掌握的四个声调，就剩了400个左右的无调音节了。

我们就从这400个左右的无调音节说起。阅读词典中的《音节表》，可以发现：声母和韵母之间，能拼合不能拼合有一定的规律可循。为形象起见，可把这些规律列成表格：

表4-1　普通话声韵拼合规律1

韵母 声母	开头没有i u ü的 （开口呼）	开头是i的 （齐齿呼）	开头是u的 （合口呼）	开头是ü的 （撮口呼）
b、p、m	班 ban	编 bian	（步）bu	
f	番 fan		（富）fu	
d、t	单 dan	颠 dian	端 duan	
n、l	难 nan	年 nian	暖 nuan	虐 nüe
g、k、h	干 gan		官 guan	
j、q、x		坚 jian		捐 jüan
zh、ch、sh、r	占 zhan		专 zhuan	
z、c、s	赞 zan		钻 zuan	
零声母	安 an	烟 ian	弯 uan	渊 üan

说明：上表例字中的空格表示普通话里没有的音节（下同），也就是说声、韵是不能拼合的。b、p、m、f同合口呼韵母相拼合的，只限于u韵母，故汉字加括号。撮口呼栏中jüan和üan中的ü上两点不省略，以示在此是撮口呼韵母。

从表4-1中我们可以看出，普通话声母和韵母的拼合，至少有以下规律：

1. j、q、x不能和开口呼、合口呼韵母拼合。

2. 只有j、q、x和n、l能和撮口呼韵母拼合。

3. 只有n、l能和四呼韵母都拼合。

4. g、k、h和zh、ch、sh、r及z、c、s都能和开口呼，合口呼韵母拼合，不能和齐齿呼和撮口呼韵母拼合。

5. j、q、x与g、k、h正好相反。

6. b、p、m、f和开口呼的韵母拼合的只限于u。

7. 拼合后开口呼的韵母音节最多，撮口呼的韵母音节最少。

8. 多数韵母可以自成音节，也就是说该音节前面没有声母（零声母音节）。

为方便记忆，编成如下口诀：声韵拼合很好记，开合不拼j、q、x，f、g（k、h）、zh（ch、sh、r）不拼齐与撮，撮口只拼n、l、j（q、x）。

除此之外，还有下列三条规律比较重要，分别列表说明如下：

表4-2　普通话声韵拼合规律2

声母 韵母	b、p、m	f	其他
o	波（bo）	佛（fo）	
uo			多（duo）
e			歌（ge）

从表4-2中可以看出，韵母o只同b、p、m、f拼合，不与其他声母拼合，韵母uo、e不同b、p、m、f拼合，而同其他声母都拼合。

从表4-3中可以看出，韵母i只和除zh、ch、sh、r、z、c、s以外的声母拼合，-i（前）只和z、c、s拼合，-i（后）只与zh、ch、sh、r拼合。

表4-3　普通话声韵拼合规律3

韵母＼声母	zh、ch、sh、r	z、c、s	其他
i			低（di）
-i（前）		资（zi）	多（duo）
-i（后）	知（zhi）		歌（ge）

表4-4　普通话声韵拼合规律4

韵母＼声母	零声母	其他
ong		东（dong）
ueng	翁（weng）	

ueng只能自成音节（与零声母拼），ong不能自成音节，而只能与声母拼合后组成音节。

普通话声调和声母、韵母的拼合没有明显的规律，简单介绍以下两个方面：

1. 普通话里由m、n、l、r四个声母构成的音节所表示的汉字很少有读成阴平调的（第一声）。以韵母u为例列成下表，就可以清楚地看出来：

表4-5　普通话声韵拼合规律5

韵母＼声母	m	n	l	r	其他声母
阴平					夫 初
阳平	模	奴	卢	如	扶 除
上声	母	努	鲁	乳	府 楚
去声	木	怒	路	入	富 处

也有少数m、n、l、r声母的字读阴平调，但只限于少数口语中的常用字，如“妈”mā、“猫”māo、“妞”niū、“蔫”niān、“拉”lā、“抡”lūn、“扔”rēng、“嚷”rāng（嚷嚷）。

2. 普通话里b、d、g、j、zh、z六个声母同韵尾是n、ng的韵母配合时，基本上没有阳平调（第二声），我们以an、ian、uan韵母为例列成下表，请观察比较：

表4–6　普通话声韵拼合规律6

声母 / 韵母 / 声调	b	d	g	j	zh	z	其他声母
	an	an	an	ian	uan	uan	an、ian
阴平	般	单	甘	坚	专	钻	番、先
阳平							凡、贤
上声	板	胆	敢	减	转	纂	反、显
去声	办	旦	干	见	赚	攥	饭、现

不符合这条规律的字只有三个：甭béng、哏gén、咱zán。

记住声母、韵母、声调的拼合规律，对于我们学习普通话音节的拼读即方音辨正会有很多帮助，这在我们以后的练习中就会体现出来。

第二节　声韵拼合辨正

莱州方言的声母和韵母与普通话有差别，音节的拼合规律也不同。我们莱州人学习普通话进行音节拼读时容易受方言的影响而拼不

准。主要有两类情况需要注意：[①]

一、拼出来的音节普通话里没有

也就是说它的声母和韵母在普通话里不准拼合，而在方言里可以拼合，这就需要改成普通话里有的音节。

1. b、p、m、f四个声母和韵母o拼时，在莱州方言里分别拼成be、pe、me、fe。如表示“玻”“坡”“摸”“佛”等汉字的音节。遇到这种情况，应注意发音结束时拢圆嘴唇，就能发准了。试比较下列音节，注意带o韵母的音节发音时的口形要圆，而带e韵母的音节发音时嘴唇要稍向两边展开：

波折　薄荷　折磨　隔膜　刻薄　破格

2. l声母与uen韵母拼合时，方言里读如len，s声母与uei韵母拼合时，方言读如sei，即丢掉了韵头（介音）u，属于这种情况，学习普通话时只要把韵头u加上就可以了。试练习下列词语：

讨论　伦理　车轮　岁数　随便　破碎

二、拼出来的音节普通话里也有，但音节性质及发音与原声韵不同，有的在普通话里也只有少数字读该音

这种情况主要指d、t、n、l和z、c、s两组声母与uan、uei、uen三个韵母拼合时，方言丢掉了介音u，观察下面三个表格就可以明显看出来（其中l与uen拼、s与uei拼的情况上面已经提到，不再列入）。

①王学峰，綦建春. 巧用语音对应规律学习普通话[N]. 语言文字报，2020-06-24（02）.

表4–7 拼出来的音节1

普通话读音	例字	莱州话读音
dui	对 堆 兑 队	dei
tui	推 腿 退 颓 蜕	tei
zui	嘴 最 醉 罪	zei
cui	崔 摧 脆 翠 粹	cei

表4–8 拼出来的音节2

普通话读音	例字	莱州话读音
duan	端 短 段	dan
tuan	团 疃 湍	tan
nuan	暖	nan
luan	乱 卵 栾 孪	lan
zuan	钻	zan
cuan	窜	can
suan	算 酸 蒜	san

表4–9 拼出来的音节3

普通话读音	例字	莱州话读音
dun	吨 敦 顿 炖	den
tun	吞 屯 臀	ten
zun	尊 遵 樽	zen
cun	村 存 寸	cen
sun	孙	sen

下列词语在莱州方言里是同音词，但在普通话里读音不同，注意发准有介音u的音节，并区分有开口呼韵母的音节和有合口呼韵母的音节：

单凭——端平　担水——端水　面谈——面团　电站——电钻

烂草——乱吵　山水——酸水　三类——酸类　怎样——尊让

第三节　训练方法

音节拼读是学说普通话的重要方法。单韵母自成音节，如e，无所谓拼不拼；复韵母自成音节时，一般要求一见即识，不能临时拼读。因此，说到音节拼读，可以理解为声母和韵母的拼合。

初学拼音的人，可以先对照学过的复韵母、鼻韵母，将有韵头的韵母分解为两部分，即i、u、ü加上后面的韵腹和韵尾，如"uai→u+ai""ian→i+an""uan→u+an"。将韵头、韵腹、韵尾分开发音时，逐渐缩短发音的间隔时间，熟练后，就形成了对拼音的初步感受，接着再练习声母和韵母相拼。

一、声韵拼合的方法

声韵拼合一般有以下三种方法：两拼法、三拼法、声介合母拼读法。[①]

1. 两拼法。先读声母，然后读韵母，最后读出音节。这种拼法要求把韵母看作一个整体，拼读时声母要读得轻而短，韵母要读得重

①王学峰，綦建春. 运用声韵拼合法学习普通话[N]. 语言文字报，2020-04-29（02）.

而长，就是一般所说的“前音轻短后音重，两音相连猛一碰”，例如j-ia→jia（家）。开始最好用声母和单韵母相拼，如b-a→ba；再用声母和开口呼的复、鼻韵母相拼，即声母和ai、ei、ao、ou、an、en、ang、eng、ong拼合，逐步过渡到用声母和结构比较复杂的韵母拼合。这样由易到难，就可以熟练地运用两拼法读音节，学习普通话了。

2. 三拼法。把一个音节分成声母、韵头（介音）、韵腹（有韵尾的包括韵尾）三个部分，进行连续拼读。这种方法，只能用来练习有介音音节的拼读，可以减轻两拼法中一下子发出一个结构复杂韵母读音的负担，就是说即使记不准这些结构较复杂的韵母的发音也能拼读。拼读时，先轻读声母，后快读韵头，再响亮地读出韵腹，气息不间断，快速连成一个音节，即“声轻介快韵母响”。例如“n-i-ao→niao（鸟）”。三拼法要注意气息连贯，尤其要注意韵头不能拖得和韵腹一样长，这是初学者应该特别注意的。

3. 声介合母拼读法。拼读时，先将音节的声母与韵头（介音）临时组合成一个整体部件，再和韵腹（有韵尾的包括韵尾）相拼。这种方法也只适用于有介音的音节，例如ji-a→jia（家）。把声母和介音（i、u、ü）结合成一个整体部件，这个部件就叫声介合母，共有30个，它们是：bi、pi、mi、di、ti、ni、li、ji、qi、xi、du、tu、nu、lu、gu、ku、hu、zhu、chu、shu、ru、zu、cu、su、nü、lü、ju、qu、xu、yu（yu虽不是“声”与“介”合母，但所起作用与声介合母相似，如yu-an→yuan）。用声介合母法拼读音节，对于声介合母就得认读得相当熟练，做到一见就能发音，而不是临场拼读。初学者可以用两拼法将30个声介合母记熟。

具体使用上述三种拼读方法时，应视情况选择。韵母是开口呼的就用两拼法。两拼法是学习音节拼读的最基本、最常用的方法，目前小学汉语拼音教学就采用这种方法。韵母有韵头的，可以用三拼法，用声介合母拼音法更方便。不过，普通话中有介音的音节较少，因此

这两种方法的使用频率较低。

二、音节拼读的声调处理

拼读时声调的处理问题，一般也有三种方法：[①]

1. 音节数调法。先用声母与带阴平调（第一声）的韵母拼成音节，按阴平、阳平、上声、去声的顺序挨个发音，一直读到这个音节的声调为止。如拼读音节xiǎng（想）：x-i-āng→xiāng，xiáng，xiǎng。这个方法，适用于初学阶段。

2. 音节定调法。先用声母和带阴平调的韵母相拼，再按音节的声调符号，读出带声调的音节，如拼读音节gǎi（改）：g-āi→gǎi。

3. 韵母定调法。用声母与带音节声调的韵母相拼，拼出的音节也就带上声调了，如拼读音节pǔ（普）：p-ǔ→pǔ。

需要指出的是，有的音节不好拼读，只好采取整体认读法，如zhi、ri、ci、wu、ye、yin、er等。

三、音节拼读训练中应注意的问题

1. 用来进行练习的音节要符合声韵拼合规律。不能把按规律不应拼合的声母韵母硬拼到一起，如b和ong相拼，拼出来的音在普通话里没有，如此练习，反而影响其他音节拼读的准确性。

2. 拼读时，声母要念本音。声母的本音除m、n、l、r四个外，发音不响亮。《汉语拼音方案》声母表中，声母的后头带着一个单韵母，如b念成bo（玻），这是声母的呼读音。拼读音节时，要尽量把声母呼读音的韵母去掉，只用它的本音去和韵母相拼。例如pa（爬）的

①王学峰，綦建春. 运用声韵拼合法学习普通话[N]. 语言文字报，2020-04-29（02）.

拼音，应该先双唇紧闭，随后突然打开，送气，发出a音，这样拼出的音节才是准确的。也就是说，我们应当首先把声母的本音念准，把第二章中关于声母发音的要领掌握好。

3. 复韵母和鼻韵母的发音必须准确熟练。复韵母和鼻韵母虽然是由几个音素构成的，但这几个音素的结合比较紧密，拼读时要把它们像单韵母一样作为一个整体念出来，念准确。否则，拼读音节时临时进行音素的拼合，容易丢头掉尾，或显得拼合生硬。韵头、韵腹、韵尾的强弱长短念得不准确，会直接影响拼音的效果，导致普通话说得不准。

4. 念准韵头。韵头是声母和韵腹之间的中介成分，韵头念不准，丢失或改变，不仅起不到“搭桥”的作用，反而会使整个韵母发生变化，甚至成为另外一个韵母。

5. 声母和韵母之间不要间断，要一气拼成，不可停顿。如“巴”字的拼读，就是把b和a连续快读，落实到音节上，听不出b和a是两个音。如果读慢了，声韵之间有停顿，就拼不成“巴”音。

第五章　词汇规范

第一节　词汇规范的意义和标准

一、词汇规范的意义

前面四章，我们学习了普通话的声调、声母、韵母和音节拼读，但还不能说已经学好了普通话。如果有的人用普通话拼音去读、去说方言词，仍然会让我们听不懂。要知道，要学好普通话并不能简单地把方言声、韵、调改一下就可以了，还要确定和推行普通话词汇的标准。

规范，就是标准。词汇规范就是要确定和推行普通话词汇的标准。普通话有语音、词汇、语法三个主要因素。其中，词汇是发展变化最大的因素。随着科学的发展和社会的进步，新词不断产生，旧词逐渐消亡。“接地气”“正能量”“软实力”“产业链”等社会流行语不断地被词典修订本收录为词条，成为现代汉语词汇库的取之不尽的新鲜血液。《人民日报》是党中央机关报，是我国第一大报。在语言文字应用上，《人民日报》既郑重其事，讲究规范，又十分开放，不断吸收并使用新词新语。在维护汉语规范，助推汉语发展上，《人民日报》一直发挥着引领和示范作用。同时，普通话还不断吸收那些反映社会进步、科学发展的新生词（给力、圈粉、内卷、命运共同体、锦鲤、官宣等）和富有表现力的方言词（冲凉、靓女、靓仔）、外来词（硬核、佛系、结界），淘汰那些没有生命力的旧词，如“犬子、贱内、敝人”等。只有这样，我们的民族语言才能沿着健康的方向发展。

若汉语本身词汇不规范，方言词太多，不仅影响信息交流，也会给外地朋友带来很多困惑。比如，“吃”这个词，在莱州方言中，大都说“呔（dāi）”，就使不少外地朋友莫名其妙。又比如“买”这个词，在莱州方言中，“买猪”叫“抓猪”，“买肉”叫作“割肉”，“买纸”叫“揭纸”，“买香”叫“请香”，买石料给祖先立碑叫“请碑”，“买布”叫“割布”……如果外地朋友到莱州，他们很可能以为抓猪、揭纸、割肉是不花钱的。

由此因词汇不规范，闹出的误会是数不胜数的。某剧团组建不久，就文化下乡为农民演出。因为演出水平低，农民不满意。剧团团长到台下听取反映，问一位看戏的农民：“老大爷，你说这戏演得怎么样？”老农胡子一撅，直率地说：“真呲毛！”（“呲毛”是方言词“不招人喜欢，差劲”的意思。）可是剧团团长是外省人，不懂“呲毛”是什么意思。就问“‘呲毛’是什么意思？”旁边一位青年故意大声讽刺，说了句反话：“‘呲毛’就是‘好’的意思。”团长信以为真，十分高兴。演出结束后，他走上前台说：“群众反映，我们剧团的演出很呲毛，这是对我们极大的鼓励。今后，我们一定要更加努力，争取越演越呲毛……”这是对一个方言词不理解造成的笑话。“呲毛”这个笑话告诉我们什么呢？用词要使用绝大多数中国人都懂的普通话词语，才能达到交流思想的目的。不然，就会闹笑话。

二、词汇规范的标准

1955年，现代汉语规范问题学术会议明确规定了普通话词汇规范的标准，那就是：以北方话为基础方言，以北京话词汇系统为核心。几千年来，汉民族政治、经济、文化的中心一直在北方，全国使用北方话的人也最多；北方话早已经以北京话为核心进入了汉民族书面语。这种以北方话为基础，以北京话词汇为核心的书面语也经历了几百年的发展历史，通过各种途径，特别是大量文学作品影响到了全国。它作为文明、典雅的书面语，在五四运动后取得了正式地位。北方话对汉语的统一和发展，对消除方言隔阂，起到了十分重要的作用。从大处说，就是中小学语文教材选入的文章的所有词汇，《毛泽东选集》《邓小平文选》《习近平谈治国理政》中的词汇，还有《人民日报》《解放军报》《光明日报》等报刊中的词汇，都属于规范词汇。从小处说，因为汉语方言词语十分复杂，莱州方言也不例外，导致词汇中存在着为数众多而无区别意义作用的同义词。如“玉米”，有的叫“苞米、苞儿米”。又如“蚜虫”有的叫“腻虫、蚁虫、油虫、旱虫、蜜虫子”。这样必须以一种方言词汇作为普通话词汇的基础。以上莱州话词汇，哪个符合普通话词汇标准呢？显然是“玉米”“蚜虫”。比如上面所说的“抓猪”“割肉”“揭纸”“请香”，依照普通话词汇规范的标准，只需用一个字——“买”。

第二节 词汇规范的原则和内容

一、词汇规范的原则

进行词汇规范工作，不但要明确普通话的标准，还必须掌握好原则和要求。要坚持必要性、普遍性、明确性的原则。

（一）必要性

要考虑这个词在普通话中有没有存在的必要，把能够反映社会发展、适应表达需要、非用不可的词语吸收到普通话中。比如，“退群、打卡、快闪、守正创新、航天飞机、供给侧改革”等。

（二）普遍性

把那些通用范围广，使用频率高的词语吸收到普通话中。比如用“西红柿”，不用“洋柿子、柿子”；用“地瓜”，不用“红薯、白薯、红苕”；用“土豆”，不用“山药蛋、地豆子、关东蛋、地蛋、关东芋头”。

（三）明确性

要选用意义明确、便于人们理解和接受的词语进入普通话。而违反这一原则的词语就不能进入普通话，如，由“上海吊车厂”缩略成的“上吊”，由“海上物资供应站”缩略成的“海物”，“小客车”称“小巴”等。

二、词汇规范的内容

（一）方言土语词的规范

1. 反对滥用方言土语

坚持以北方话为基础方言，并不是说把北方话所有的词语统统照搬进普通话词汇，也不是说把北方话中流行范围过小、过于土俗的词语也搬进普通话词汇。比如，说“好极了”“真棒”，不说“盖了、震了、没治了、盖了帽了”；说孩子“鬼点子多”，不说“绕额子”。后者显然是不规范的方言土语，应该舍弃。再如，莱州方言中把“狼”叫成“马虎”，把“狐狸”叫成“皮子”，把“花生”叫成“长果”，把“花生饼”叫成“麻山”。所以，在学习普通话词汇时，应该坚决淘汰方言土语，只用前者，不用后者。

2. 适当吸收具有特殊意义的、富有表现力的方言词

对方言词加以规范，并不反对吸收未被普通话吸收的方言词。相反，还要适当吸收那些具有特殊意义、富有表现力的方言词到普通话中来。如，“把戏、瘪三、晓得、尴尬、扯皮、揩油、伤脑筋”等方言词，是从吴方言中吸收进来的；“搞”和“垮”是从西南方言吸收进来的。如今，这些方言词已广泛地运用在普通话中，成了普通话词汇的有机组成部分。

（二）古语词的规范

普通话的词语与古代汉语有着密切联系。古代汉语的一些基本词汇，如，“山、水、林、云……”仍然保留在普通话中，特别是保留在大量的成语中。这些有生命力的词语，我们今天仍然要认真学习和运用。但是，我们应该反对使用古代语言中已经死了的词语和典故。

1. 时代发展了，随着旧时代消亡的词，不应使用。比如，古人称妻子为“贱内”，称自己的儿子为“犬子”等，现在就不宜使用。

2. 方言词中保留的古语词，也应改用普通话词语。莱州方言说

“尘土四起”为“埲（bao）”；把“浮土、尘土”叫作“□（bu）土”；称“父子俩”至今还叫“爷儿俩”；称“路费”为“盘缠”。这些古语词，不宜再使用。雨后天空出现的彩虹的“虹”古代人读作“降jiàng”，莱州方言至今仍称“jiàng”，学习普通话应遵照普通话词汇规范的标准、原则和要求改古读音“jiàng”为“虹hóng”。

3. 不要使用生僻、让人费解的古代书面文言词语。如有的学校张贴标语：“热烈欢迎各位领导莅临我校指导工作”。“莅（lì）临”是“来到，来临”的意思，多用于贵宾，是古代书面文言词语，不查字典也很少有人明白它的词意。所以，不如改为“热烈欢迎各位领导来我校指导工作”。

（三）外来词的规范

汉语从古至今从未间断过吸收外来语言的有益成分，来丰富自己的语言。比如，“干部、特卖、便当、物语”等词，就是从日语中吸收进来的；至于“雷达、坦克、曲奇、霸凌”是从英语中引进的。这些外来词的吸收，的确丰富了我们普通话的词汇。①

所以，对外来词的规范要求我们注意三点：

一是尽量使用意译外来词，不使用音译外来词（人名、地名除外）。比如，用“连衣裙”，不用“布拉吉”；用“青霉素”，不用“盘尼西林”。

二是尽量使用汉语已有的词语，不使用外来词。如，用“通行证”，不用“派司”；用“小水桶”，不用“卫达罗”；用“面包”，不用“列巴”。

另外，写法上，也要规范。如，用“巧克力”，不用“朱古

①山东省语言文字工作办公室. 简明普通话教程[M]. 济南：山东大学出版社，1990: 117.

力”；用“迪斯科”，不用“的士高”；用“弗洛伊德”，不用“佛洛依德”等。

（四）离合词的规范

不要随意拆离词语。“报告”不能说成“报个告”；“学习”不应说成“学了习”“学完习”；“汇报”不应说成“汇个报”。

当然，有些词属于离合词，是可以拆开合并的。如“打球”可以说“打了一场球”。可是，随意拆离词语，同样会造成交际上的麻烦。如，“咳嗽”说成“咳了一声嗽”，“劳动”说成“劳着动”“劳了动”，“选举”说成是“选了举”，人们是难以听得懂的。这也是普通话词汇规范所不允许的。

三、清除语言垃圾，讲究语言文明

学习普通话，除了语音、词汇之外，很重要的一条就是语言文明，不说粗话、脏话，不说不礼貌的话。这不仅是词汇规范，而且是我们语言规范化的一个重要内容。

我们的祖先是十分讲究语言美的。这在许多古代书籍里，都有详细的记载。大家都记得有个打破缸救人的司马光吧？他后来成了大文学家，在他写的《赤壁之战》中，“孙权上厕所”不写“上厕所”，写作“孙权更衣”。

现在，人们还仍然把上厕所称为“方便方便”，“大便”“小便”不说“拉屎”“撒尿”。可见，同一件事，用不同的词语说出来，就有高雅、粗俗之分，文明、野蛮之别。“请吃饭。”“请用饭。”多文明！“撑饱就走。”“饭桶！吃了三个包子不搂搜。”就野蛮、粗俗多了。

怎样才能培养良好的语言文明习惯呢？正如培养良好的普通话发音习惯一样，良好文明的语言习惯，也是需要经过较长时间才能养成的。当前，最需要学的是把粗话、脏话立即从自己的语言中清除出去，学好文明语言。

第三节　莱州方言土语词辨析

一、莱州方言辨正

（一）从词义差异上辨析

1. 方言土语与普通话虽然是同一个词，但意思与普通话词不尽相同，往往有另外的意思。

不好——本来是“坏”的同义词，但是莱州方言还含有“身体生病”的意思。

打仗——进行战争。莱州方言把打架、斗殴叫打仗。

杀——使人或动物失去生命。莱州方言兼指砍（树）。

熊——食肉动物。在莱州方言里有“坏”的意思。例如：服务态度真熊。另外还有欺骗的意思。如：让他熊踢蹬了。

该——应该、活该的意思。莱州方言还有“欠钱”的意思。如：他该人家100块钱。

欢喜——意思有二，一是快乐，二是喜爱。而莱州方言把“生了小孩”叫作“欢喜”。

外甥——姐妹的孩子。莱州方言兼指外孙，即女儿的孩子。

出门——走出家门。莱州方言还有另外的意思。“出门儿”是指走亲戚。“出门子”则专指姑娘结婚、出嫁。

2. 在普通话中表示一种意思的词，莱州方言中有许多个词来表示。

胡说——胡咧咧 胡派派 胡摆摆

胡干——胡鼓捣 胡攒积 胡作登 胡作索

买药——抓药 买香——请香 买纸——揭纸

馒头——饽饽 卷子 干粮

放着——稳着 擢着 扔着

公牛——犍子 公驴——叫驴 公狗——牙狗 公猫——儿猫

种公猪——角猪 母牛——牛 母驴——草驴 母猫——女猫

无可奈何——没咒念 没脾气 没牙啃 没章程

讽刺挖苦人——贬齐人 遭贱人 捐摸人 刺挠人

3. 在普通话中多个词的意思，在方言中用一个词来表达。

修理 打扮 治疗 捉弄人 戏弄人——扎固

4. 方言词与普通话词义相同或相近，但又是一些不规范的方言土语。如表示时间的词有：

这时候——这阵儿 时间短——没几歇

时间长——老几歇 每天——见天

（二）从词序差异上辨正

莱州方言土语中，有一些与普通话词序颠倒，这是不规范的。

刚才——才刚　诚实——实诚　口味儿——味口儿

练习——习练　颠倒——倒颠　不知道——知不道

尽管普通话词汇中有“互相——相互”这种语序颠倒的例子，但这是允许的。而我们莱州方言中的这类词序颠倒的例子却没有被承认。

（三）从音节差异上辨正

1. 普通话相当一部分双音节词在方言中成为单音词。

叔叔：叔　汽车：车　舅舅：舅　谷子：谷

集市：集　镰刀：镰　梳子：梳　儿子：儿

2. 普通话的一部分双音节词，方言中多为多音节词。

前额：额勒盖　　近路：近便道儿

鼻孔：鼻孔眼儿　欠债：拉饥荒

草莓：高丽果　臀骨：腚巴骨

膝盖：波楼盖　小腿：干腿子

腋窝：夹肢窝　肋骨：肋巴骨

（四）从词缀差异上辨正

1. 普通话不带“子”的词，方言中多带有“子”字。

表5-1　词缀差异

普通话	莱州方言土语
牙床	牙花子
肩膀	肩膀子
胸脯	胸脯子
单褂	单褂子
耳光	耳刮子

2. 方言词与普通话的重叠方式不同

表5-2　重叠方式差异

普通话	莱州方言土语
洗——洗一洗	洗巴——洗巴洗巴
搓——搓一搓	搓巴——搓巴搓巴
找——找一找	踅摸——踅摸踅摸
刮——刮一刮	刮查——刮查刮查
划——划一划	划拉——划拉划拉

二、莱州方言土语举例

（一）动植物

表5-3　莱州方言土语1

普通话	方言土语	普通话	方言土语
蛇	长虫	马齿苋	蚂蚱菜
蚯蚓	曲蟮	高粱	胡黍
蚂蚁	虮蛘	玉米	苞米
蜘蛛	赖赖蛛	山楂	酸楂
黄鼠狼	臊水狼子	植物雄花	谎花
狐狸	皮子	幼果初现	打扭
麻雀	家雀	鲈鱼	寨鱼
蝉	截留	带鱼	刀鱼
蝉的幼虫	截留猴儿	河豚	挺巴鱼
壁虎	蝎虎子	刺槐	洋槐
瓢虫	花大姐	蒲公英	步步丁、波波丁

（二）天、地、时令

表5-4　莱州方言土语2

普通话	方言土语	普通话	方言土语
太阳	日头	夜间	黑夜、下晚儿
彗星	扫帚星	昨天	夜来
冰雹	雹子	明天	明儿个
山沟	夼	晚饭	夜饭
坟地	茔地	早晨	早起

（三）称呼、代词

表5-5　莱州方言土语3

普通话	方言土语	普通话	方言土语
叔父	大大	弟媳称夫兄	大伯（bei）
妻子称夫弟	小叔子	夫称妻妹	小姨子
夫称妻姐	大姨子	外祖母	姥娘
外祖父	姥爷	夫称妻兄	大舅子
女人、妻子、长辈妇女和晚辈合称	娘儿们	男人、长辈和晚辈的合称	爷儿们
夫称妻弟	小舅子	妻的姐夫、妹夫	连襟、割（gɑ）不断
您	恁	自称或包括他人	咱

（四）人事和言行

表5-6　莱州方言土语4

普通话	方言土语	普通话	方言土语
狠毒	歹毒	生气	上火
争论	争讲	呵斥	呲嗒
挖苦人	捐蔑人	讥笑人	刺挠
活计	营生	炫耀	谝弄
舒服	恣	敏捷	麻利
提起来	提留	偷偷地看	撒目
狠狠地瞅人	挖候	用脚踢	卷
沉淀	作清	讨厌	格痒
溺爱	惯	便宜	贱不漏搜
以掌扇人	呼	差不多	不大离

（五）饮食、服饰

表5-7　莱州方言土语5

普通话	方言土语	普通话	方言土语
窝头	起馏	醋	及慧
水饺	馉馇	饭菜味咸	口沉、口重
动物五脏	杂碎	饭菜味淡	口轻
米饭	干饭	手套	手巴掌
酱油	清酱	围巾	围脖儿
萝卜咸菜	瓜齑	高粱面稀饭	生馇饭

（六）日常用品

表5-8　莱州方言土语6

普通话	方言土语	普通话	方言土语
烟囱	伏台	破布	铺衬儿
肥皂	胰子	水桶	筲、伟达罗
瓶子	棒子	抹布	搌布
带鼻的泥罐	堪	风箱	风匣

（七）疾病、医疗

表5-9 莱州方言土语7

普通话	方言土语	普通话	方言土语
胃口发烧	烧辣	痴呆	痴、潮、彪
传染人	着人	身体不适	不愉作
人有病	不好	胃疼	心口疼
病见愈	强了	胃部发胀	胀饱
病痊愈	好了	治病	扎固
粉刺	蜂刺	打嗝	打勾斗
感冒	冻着了	买药	抓药
拔火罐治疗	拔罐子	腹泻	跑栏

（八）婚丧嫁娶

表5-10 莱州方言土语8

普通话	方言土语	普通话	方言土语
女子出嫁	出阁	娶媳妇	将媳妇
给女子介绍对象	说婆家	女子出嫁前，在娘家绞去面部汗毛	开脸
生了小孩	欢喜	小孩死了	丢了
老年人死了	老了	新郎	女婿
新娘	媳妇		

（九）人体名称

表5-11　莱州方言土语9

普通话	方言土语	普通话	方言土语
腋窝	夹肘窝	脖子	脖颈子
眼屎	眼眵	头、脑袋	脑瓜子
嗓子	吞子	脚后跟上的粗筋	脚挛筋
臀骨	腚巴骨	肾	腰子
太阳穴	耳门子	鼻涕	鼻挺
膝盖	波罗盖儿	耳屎	耳绒

（十）量词、方位词

表5-12　莱州方言土语10

普通话	方言土语	普通话	方言土语
行	溜，如：一溜树	角落	夹孤
帮	拨，如：一拨人	很多	满匠
层	型，如：一型土	有的是	老鼻子啦
阵	喷，如：一喷子	周围	周遭

（十一）副词

表5-13 莱州方言土语11

普通话	方言土语	普通话	方言土语
很亮	锃亮	很热	滚热
赤红	血红、透红	很黄	焦黄
很焦	酥焦	很紫	血紫
很细	没粗细儿	很浅	没深浅儿
很矮	没高矮儿	很窄	没宽窄儿
很高	老高	很甜	细甜
很酸	焦酸	很涩	巴涩
很远	老距远	很厚	老厚薄

（十二）其他

表5-14 莱州方言土语12

普通话	方言土语	普通话	方言土语
猪圈	大坑、栏	厕所	茅房、小坑
归根到底	归期	最后面	末末了
门后	门掩后	顺便儿	就手儿
敢情	敢子	碍事	挡害
不巧、偏偏	让上	可能、也许	备不住

第六章　语法规范

第一节　语法规范的标准

一、什么是语法规范

语法是普通话的三要素之一。语法规范是普通话规范的一个重要方面。语法规范，就是根据普通话发展的客观规律，确定和推广普通话语法的标准。[①]1956年2月6日，《国务院关于推广普通话的指示》中明确规定，作为汉民族共同语的普通话，要“以典范的现代白话文著作为语法规范”。

语言在发展变化中，往往会出现一些不规范的或分歧的现象。如“浪费”只有程度的不同，并没有“必要”“不必要”的区别。可是在报刊上却经常看到“不必要的浪费”。普通话内部也存在一些表达

①山东省语言文字工作办公室. 简明普通话教程[M]. 济南: 山东大学出版社, 1990: 137.

一个意思的截然相反的两种说法，如“我差一点儿考及格”和“我差一点儿没考及格”等，也是语言发展中出现的分歧现象。

方言语法中也还有许多不同于普通话的地方。比如莱州方言中的“她处长的丑，还觉着俊的要命”（她长得很丑，但觉着自己长得挺漂亮），“他待走走吧”（他要走就走吧）等说法。这些现象势必造成语言的混乱，因此，必须注意普通话语法的规范。可是，有些人却片面地认为，学习普通话只要学会语音和词汇就可以了，学不学语法无所谓。其实这是完全错误的。产生这种错误观念的主要原因是由于不懂得语法的主要特点。语法的特点主要有三个方面。

第一，次序不同，意义不同。例如：

1）政治学习　　　　　学习政治

2）一会儿再讲　　　　再讲一会儿

3）你今天晚上能来吗？　你能今天晚上来吗？

很明显，第1组，“学习政治”强调的是学习的内容，而“政治学习”强调的是一种活动。第2组，“一会儿再讲”是指现在不讲，“再讲一会儿”是指现在讲得不够，还得接着讲。第3组，“你今天晚上能来吗？”主要是问能不能来，而“你能今天晚上来吗？”主要是问来的时间。

有一个笑话：一位书法家屋后常有人在那里小便，时间长了，屋里臊臭不堪。这位书法家就写了六个字：“不得随处小便”，一个字一个字地贴在屋后，可是第二天出来一看，那几个字早不翼而飞了。不得不再写六个字贴上去，可是不久又没了踪影。这位书法家很是奇怪。一天到邻居家玩，看到邻居家正堂上挂着裱糊好的六个字：“小处不得随便”，正是自己的字迹。可他从来未送给邻居这么一幅字啊。低头一想，便明白了：自己屋外的字飞到这里来了。邻居把次序一颠倒，竟挂在正堂上了，真让人哭笑不得。

还有一个笑话：一个卖鞋刷子的人在货摊前用木板横写了四个

字："包不掉毛"。一位姑娘买了一把鞋刷子，回去刚一刷鞋，刷子上的毛就一撮撮地掉下来了。于是她就回去找那摊主，摆摊的人指着木板上的字从右向左念道："毛掉不包"。这一念，那姑娘傻眼了。同样四个字，排列次序不一样，意义就不同。

第二，停顿不同，意义不同。

从前有一个人在某处作客，吃到咸鸭子，连声说："我懂了，我懂了。"大家问他懂了什么。他说："我一直不知道咸鸭蛋是哪来的，现在知道了，是咸鸭子下的。"这就是说，他把"咸鸭蛋"当作"咸鸭蛋"了。其实，根据停顿不同来确定意义的情况，在我们日常说话中经常出现，如：

"咬死了猎人的狗"可能是猎人的狗被什么东西咬死了，也可能是狗把猎人咬死了。

"没有穿破的衣服"可能是衣服没有被穿破，也可能是某个人穿的不是破衣服。因为停顿不同，对一句话竟有不同的二种理解。

第三，关系不同，意义不同。

"他这个人谁都认得"，也许是他认识的人很多，也许是认识他的人很多。这当然不是一回事。

"爸爸要开刀"，是爸爸是医生，给别人做手术呢？还是爸爸是病人，需动手术呢？这就需要明确人和动作的关系。

由此可见，在一句话里面，词与词之间的次序、停顿和关系不同，意义就不同。字与字之间、词与词之间，甚至句子与句子之间，怎样正确地组合，这就需要语法。可见，语法在语言中的地位是不能小看的。

语法在语言中的地位越重要，就越需要我们正确使用语法。可是由于我们莱州方言的语法与普通话的语法之间的区别不如语音、词汇那么大，还没有引起人们的足够重视，在与外地人的交往中引起许多不便。像我们莱州方言中的"你别老是觉着个人了不起，比你强的有

大是”“我家去”等话，就不合语法规范，让别的地方的人不理解。因此，为了让更多的人听懂我们说的话，扩大交流，适应改革开放、经济发展的需要，我们必须改掉莱州方言中一些不合规范的语法现象。

二、语法规范的标准和内容

1. 语法规范的标准

普通话语法规范是以什么为标准呢？国家规定：“以典范的现代白话文著作”作为语法规范。“著作”，指书面语言，和口语比较起来，书面语更带有普遍性，变化也比较少，易于示范推广。“白话文”是指用白话写成的文章，而不是用文言或半文言写成的文章。“现代”，是指1919年五四运动以后至今一百多年的时间。因为语言是不断发展的，“五四”以前的白话文作品，如《红楼梦》《三国演义》《水浒传》等，虽然都很有名气，但是由于其中的一些语法与现代语法不同了，这些名作里面的语法也不能作为普通话的语法规范。“典范的”是指具有广泛代表性的，并能成为使用语言的榜样的，像茅盾、郭沫若、毛泽东、邓小平等人的著作。值得注意的是，作为语法标准的语言一定是现代白话文著作的一般说法，而不是其中特殊的说法。因为不同的作者，甚至同一作者前后不同的时期，运用语法也不见得完全一致，有时难免出现个别不合规范的用例。如“一匹猫”这种说法虽然见于名家笔下，但它不是一般用法，就不能认为是规范的。所以，在进行语法规范的工作中，绝不能以某个人的语言或某本著作的语言作为语法规范的唯一标准。

2. 语法规范的内容

语法规范的主要内容包括方言语法的规范、文言语法的规范和外来语法的规范。我们这里主要讲方言语法的规范，具体分为方言词法规范和方言句法规范。

第二节　莱州方言常见语法错误举例

学习普通话，不只是学习普通话语音，还要学习普通话的词汇和语法。例如莱州人说“他对他爷爷可不想念起来”，即使你用北京语音说得正确、清楚，外地人也不一定知道莱州人是说“他非常想念他的爷爷”。可见语法的差别也会造成语言隔阂。学习普通话，语音固然是关键，但语法也不容忽视。

莱州话同普通话在语法上的差别，虽然不及语音、词汇突出，但也很多。下面仅就突出的语法差异，举例与普通话作一比较。

一、词法方面

词法主要是讲什么的呢？请看下面的例子：

①月光——一致

②色彩——鲜艳

③意见——皎洁

④前途——光明

这四组词的搭配只有第②组和第④组是正确的，而第①组和第③组都是错误的。为什么有的词可以互相搭配，而有的词不可以互相搭配，这就关系到一个词法问题。那么，什么叫词法呢？简单地说，词法就是研究一个一个字眼搭配规律的学问。词和词之间搭配得合理，就能表达一个完整的意思。如“色彩”和“鲜艳”相搭配，就表示“颜色非常新鲜”的意思，“前途”和“光明”相搭配，就表示“前面的道路很光明”的意思。词与词之间搭配不合理，就不能表示一个

完整的意思。如："月光"和"一致"搭配在一起，"意见"和"皎洁"搭配在一起，就不能表示一个完整的意义。所以，词法运用得恰当，就能够表达出正确的意思，别人也能够听得懂：如果运用得不恰当，就不能表达出正确的意思，别人也听不懂你说的话。在我们莱州方言中，就有很多词法运用不当的地方，严重妨碍语言的交流。下面分四个部分与普通话举例对照，以便让大家更快地改掉自己的方言词法，学会普通话词法。

（一）重叠

1. 表示单位的词的重叠和表示时间的词的重叠[①]

大家看下面的例句：

①他一个人在屋里看书。

②同学们个个在屋里看书。

③他有一天没来上课。

④他天天来上课。

①句中的"个"字是表示事物单位的词。②句中的"个个"是把"个"字重叠使用，表示"每一个"的意思。③句中的"天"是表示时间的词。④句中的"天天"是把"天"字重叠使用，表示"每一天"的意思。

在普通话中，常把表示事务单位的词或者表示时间的词重叠使用，表示"每一"的意思。而在莱州方言中，表示"每一"的意思，除了有与普通话一样的表示样式外，还有其他的重叠形式，对照如下：

①李佳怡. 莱州方言语法专题研究[D]. 桂林：广西师范大学，2012.

（1）直接重叠

表6-1 表示“每一”1

普通话	莱州话
天天	天天儿
年年	年年儿
家家	家家儿
个个	个个儿

（2）间接重叠

部分单音节量词的重叠，除“AA”式外，还有一种“A儿顶A儿”的格式，有进一步强调“每一”的意思。例如：

表6-2 表示“每一”2

普通话	莱州话
个个	个儿顶个儿
块块	块顶块儿
棵棵	棵顶棵儿
回回	回儿顶回儿
次次	伐儿顶伐儿 末儿顶末儿
趟趟	趟儿顶趟儿
年年	年顶年儿
天天	天顶天儿
家家	家儿顶家儿

（3）其他重叠形式

以上两种重叠，都是表示单位或时间的词自身的重叠。莱州方言中还有一种表示时间的词“整/成/见+A+家/儿”的重叠形式，也

表示“每一”的意思。它在普通话中也不全有对应的重叠形式。对照如下：

表6–3 表示“每一”3

普通话	莱州话
年年	整年家 成年家 见年家 见年儿
天天	整天家 成天家 见天家 见天儿
每天早晨	整早晨家 成早晨家 见早晨家 见早晨
每天夜里	整黑夜家 成黑夜家 见黑夜
每天上午	整头晌家 成头晌家 见头晌家 见头晌
每天晚上	整下晚儿家 成下晚儿家 见下晚儿家 见下晚儿

2. 动词的重叠

（1）普通话中，单音节动词的重叠，有“AA式”和“A–A式”。在莱州方言中，单音节动词重叠只有“AA式”和“A巴A巴式”而没有“A–A式”。例如：

表6–4 单音节动词的重叠

普通话/莱州话	普通话	莱州话
写写	写一写	写巴写巴
算算	算一算	算巴算巴
搓搓	搓一搓	搓巴搓巴
敲敲	敲一敲	敲巴敲巴

莱州方言中不说“写一写”“算一算”“搓一搓”“敲一敲”。

（2）作为助动词的“看”，在莱州方言中不单用，总是采取重叠的形式附于动词或动词性短语之后，表示尝试。例如：

你先尝尝看看　　　　让我想想看看

你给我量一下看看　　　　先做几天看看

（3）在莱州方言中，AAB式动词重叠跟普通话基本相同，但是方言重叠的数量要比普通话多，而且许多说法与普通话不尽相同。

①方言跟普通话共有：

刷刷牙 洗洗澡 梳梳头 开开车 算算账 帮帮忙

跑跑步 伸伸腿 弯弯腰 打打球 下下棋 诉诉苦

②莱州方言有，普通话没有：

掂掂蒜（砸蒜泥） 熥（tēng）熥饭（热一下饭）

烧烧火（生火煮饭） 滗（bì）滗水（让水渗出来）

刨刨果（拔花生） 温温水（把水烧热）

剜剜草（除草） 剪剪头（理发）

3. 形容词的重叠

在莱州方言中，单音节和双音节的形容词都有重叠形式。

（1）单音节重叠

AA式：第二个音节一律读轻声，不儿化，后面不加“的”。一般用作定语，具有摹状作用，而不表示程度加深。

表6–5　单音节重叠1

普通话	莱州话
尖尖的嘴巴	尖尖嘴儿
方方的脸	方方脸
弯弯的眉毛	弯弯眉儿
圆圆的脸	圆圆脸
勾勾的鼻子	勾勾鼻子

A儿A儿+的式：第二个音节一律读阴平，大多数儿化，后面加“的”。一般用于状语或补语，表示程度加深，等于说“很A”。

表6-6 单音节重叠2

普通话	莱州话
很好	好儿好儿的干
很高	高儿高儿的
很远	远儿远儿的站着
很轻	轻儿轻儿的放下
很慢	慢儿慢儿的（轻轻地）拍打着孩子睡觉

（二）表示事物状态和性质的短语的特殊形式

1. 附加成分+主要词

请看以下例句：

普通话：①瓜子很脆。②这个西瓜很甜。

莱州话：①瓜子酥脆。②这个西瓜细甜。

莱州方言中，常用表示事物状态和性质的词前面加上附加成分，构成一个新的短语。像在“脆”前面加上“酥”就构成了“酥脆”这个短语；在“甜”前面加上“细”就构成了“细甜”这个短语。一般情况下，在表示状态和性质的词前面加上附加成分，表示的意义比原来单个字的意义深一些。并且在我们听来，好像更生动、更形象一些。但是由于“酥脆”“细甜”这类说法不符合普通话语法规范，外地人大多听不懂，就是你自己听来再生动形象也是没有用的。所以应说成“很脆”“很甜”。以此类推，方言中所有这类附加成分，在普通话中应一律用“很”代替。对照如下：[①]

①李佳怡. 莱州方言前缀研究[J]. 韶关学院学报（社会科学版），2011（9）：158.

表6-7 附加成分+主要词1

普通话	莱州话	普通话	莱州话
很瘦	精瘦	很辣	死辣
很黄	焦黄	很快	风快
很苦	巴苦	很咸	齁咸
很圆	滚圆 溜圆	很黑	烘黑
很松	稀松	很硬	钢硬 生硬
很细	绝细 溜细	很黏	胶黏
很冷	扎凉 光冷 怪冷	很高	老高
很香	喷香	很涩	巴涩

"附加成分+主要词"这种形式还有一种比较特别的情况，我们叫它"不AB式"或"没AB式"。请看下列举例：

普通话：他长得很高，我长得很矮。

莱州话：他长得老高，我长得不高矮/没高矮。

上面例句中，"很高"这个短语，莱州方言说成"老高"。"很矮"这个短语，莱州方言说成"不高矮/没高矮"，说"矮"这个意义，连"高"也用上了。我们把"不高矮/没高矮"这种形式就叫作"不/没AB式"。一般来说，"老A式"用来表示"高""大""长"等积极意义。"不/没AB式"（有时也用"不/没A下儿"）常用来表示"矮""小""短"等消极意义。对照如下：

表6-8 附加成分+主要词2

普通话	莱州话	普通话	莱州话
很浅	不深浅儿	很少	不多点儿
很短	不长短儿	很小	不大点儿
很窄	不宽窄儿	很细	不/没粗细儿
很薄	不厚薄儿	很近	不/没距远儿
很矮	不/没高矮儿	很低	不/没高下儿

2. 主要词+附加成分

请看下表：

表6-9 主要词+附加成分1

普通话	莱州话	普通话	莱州话
蓝	蓝蔚蔚 蓝不争	黑	黑登登
人说话非常横	土惺惺	衣服肥大	大塞塞
苦	苦嘎唧 苦不拉唧	红	红郁郁

莱州方言中，常在一个主要词后面加上些附加成分，像在表中，在“蓝”“黑”“苦”等主要词后分别加上了“不争”“登登”“嘎唧”等附加成分。如果不懂莱州方言，谁又能听懂这些词是什么意思呢？并且方言中的这类词形式还多种多样。

（1）普通话中虽然有“红彤彤”“黄澄澄”“绿油油”等说法，但绝不允许有下列不规范的说法：

表6-10　主要词+附加成分2

例字	莱州话	例字	莱州话
绿	绿锃锃	稀	稀溜溜
细	细溜溜	辣	辣号号
粉	粉滋滋	白	白料料 白咧咧

（2）尽管普通话中有“黑不溜秋”“酸不拉叽”等规范说法，但绝不允许有下列不规范说法：

表6-11　主要词+附加成分3

例字	莱州话	例字	莱州话
粗	粗不伦敦	紫	紫不溜丢
细	细不溜丢	贱	贱不喽嗖
灰	灰不鲁土	胖	胖不出

（3）莱州方言中还有一些说法，在普通话中根本没有对应的形式，就更不允许我们使用了。例如：

表6-12　主要词+附加成分4

例字	莱州话	例字	莱州话
黄	黄劳道	酸	酸唧溜
瘦	瘦格牙	臊	臊吧唧
傻	傻大乎	硬	硬巴卡
醉	醉儿马三	松	松二来带
细	细溜高挑	软	软而呱唧

（三）表示事物或动作单位的词

请看下面例句：

普通话：①今晚看了几部电影？②他写了几篇稿子？

莱州话：①今下晚儿看了几块电影？②他写了几块稿子？

在莱州方言中，量词的“个”化、“块”化的现象很突出，习惯上少用或不用个体量词，而多用“个”或“块”。也就是说，表示事物或动作单位的词区分不是很严格，有时一个量词不适当地用于多种事物，形成一对多的现象。像例句中“几部电影”的“部”字，“几篇稿子”的“篇”字，在方言土语中都成了“块”字。例如：

表6-13　“个”化、“块”化

普通话	莱州话	普通话	莱州话
一支/首/个歌	一块/个歌	一节/对电池	一块/对电池
一篇/段/个故事	一块/个故事	一支/管牙膏	一块牙膏
一只手表	一块手表	一面/块/个镜子	一块/个镜子
一条/幅标语	一个/条标语	一条黄瓜	一根/个黄瓜
一张/个/条凳子	一个凳子	一件/项工作	一个工作

几个特殊的量词，附记于下：

表6-14　几个特殊的量词

量词	普通话	莱州话
型	一层皮 一层灰	一型皮 一型灰
趟	三排树 两行桌子	三趟树 两趟桌子
末儿	一共来回两次 这一次	一共来了两末儿 这一末儿
盘儿	①把儿，遍：打了三把儿 遍扑克 ②一会儿：要一会儿再走	①打了三盘儿扑克 ②要一盘儿再走
把	鸡蛋十个为一把	一把鸡蛋

（四）人称代词

请看下面例句：

普通话　　　　　　　莱州话

①我不去。　——　俺不去。

②我们不去。　——　俺不去。

普通话中代替人或事物名称的词，是有单数、复数之分的。像“我”是单数，“我们”是复数。而在方言中，单、复数可用同一个词。上面例句①中的“俺”是单数，例句②里的“俺”就成了复数了。莱州方言没有“俺们”“咱们”的说法。稍不注意，就会引起混乱。请看下面的对照：

1. 第一人称

	单数	复数	例句
普通话：	我	我们	我们都是学生。
莱州话：	咱	咱	咱都是学生。
	俺	俺	俺都是学生。

2. 第二人称

	单数	复数	例句
普通话：	你	你们	你们班多少人？
莱州话：	恁	恁	恁班多少人？

3. 自己。莱州话里不说“自己”，而说“个人”或“自个儿”。

4. 人家、乜（nie）。二者用法基本相同，在妇女和儿童中多用“乜”。

①指说话者之外或某个人以外的人，相当于“别人”。例如：

你看看人家（或：乜），再看看你个人，你不难过吗？

好好地管教孩子，别叫乜（或：人家）说闲话。

②指说话者自己，相当于“我”。例如：

妈妈，乜要做件新衣裳。

爹，也要上学。

5. 大伙儿、轧大伙儿。莱州方言中很少说“大家”，多说“大伙儿”“轧大伙儿”。

6. 旁人。“旁人”相当于普通话中的“别人”，在莱州方言中只说“旁人”而不说“别人”。

二、句法方面

莱州方言中有许多句法不符合普通话语法规范，下面举例说明。[①]

（一）比较句

莱州方言中有三种比较句式是普通话里所不见的。

1. 带“起”字的比较句

（1）肯定句式。莱州方言常用的句式是“甲+表示性质状态的词+起+乙”。例如：

普通话	莱州话
他比你高。	他高起你。
她姊妹们一个比一个漂亮。	她姊妹们一个俊起一个。

（2）否定句式。莱州方言常用的句式是“甲+不/没/没有+表示性质状态的词+起+乙”。例如：

普通话	莱州话
你不比他差。	你不差起他。
小李的成绩从来没有小张好。	小李的成绩从来没有好起小张。

（3）疑问句式。疑问句式有是非问和反复问两种。

是非问	反复问
这朵花香起那朵花吗？	这朵花香不香起那朵？

①李佳怡. 莱州方言语法专题研究[D]. 桂林：广西师范大学, 2012: 64.

这块瓜不甜起那块瓜吗？　　　　　　这块瓜甜不甜起那块瓜？

2. 带数量补语的比较句

这种比较句在莱州方言里往往没有“比”字，形成“A+比较语+B”格式。例如：

普通话	莱州话
我比他大两岁。	我大他两岁。
谁还比谁矮一头？	谁还矮谁一个头？

3. 带“赶上”“跟上”比较句

“赶上”“跟上”表示“比得上”“如同”义，使用时没有什么不同。

（1）肯定形式。例如：

他赶上我胖了。　　　　　　他跟上我胖了。

他赶上我快了。　　　　　　他跟上我快了。

（2）否定形式。常用“赶不上”“跟不上”，义同普通话里的“不及”“不如”。例如：

他赶不上我胖。　　　　　　他跟不上我哥哥快。

（3）疑问形式，有两种：

第一，原结构用疑问语调说，例如：

他赶上我胖了？　　　　　　他赶不上我胖了？

第二，采用“跟不跟上”或“赶不赶上”，例如：

他赶不赶上我胖？　　　　　　他跟不跟上我胖？

（二）正反问句

当做谓语或补语的动词、形容词是双音节词（AB）时，普通话用肯定否定相迭的形式表示正反问，其格式为：AB+不/没+AB。而莱州方言习惯用下列格式：A1+不/没+AB。而且在口语中，高度追求A1的单音节化。例如：

普通话	莱州话
过不过星期天？	星不星期？
研究不研究？	研不研究？
学习不学习文件？	学不学习文件？
洗得干净不干净？	洗得干不干净？
他自觉不自觉？	他自不自觉？
这东西臭烘烘不臭烘烘的？	这东西臭不臭烘烘的？

（三）被动句

普通话中表示被动意义的句子，通常用“被”字，口语中也用“叫”字、“让”字。这类句子中的“被”“叫”“让”都可带宾语，也可不带宾语。莱州话一般不用“被”字，也不用“让”字，而是用“叫”字。这是用词上的区别。区别更大的是结构上的不同。莱州话与普通话被动句的区别主要有三种情况：

1. 请看例句

普通话：①我被他打了一下。

莱州话：②叫他打了我一下。

从例句中我们可以看出，句①中的“我”是“打”的对象，放在“打”的前面。句②中，“打”的对象“我”却放在“打”的后面。句②这种不合规范的情况应取消。对照如下：

普通话	莱州话
我可被他气死了。	可叫他气死我了。
他被我骂了一顿。	叫我噘了他一顿。
我被老师批评了一顿。	叫老师说了我一顿。

2. 请看例句

普通话：铅笔被他给弄断了。

莱州话：铅笔叫他给我弄断了。

从例句中，我们可以看出，普通话被动句中，“被”“给”

连用，“给”字后面不能带宾语。而莱州话“给”字后可带“我”“俺”“咱”“恁”“他”“他们”“人家”“大伙儿”等人称代词作宾语。对照如下：

普通话	莱州话
球被人给借走了。	球叫人给他借走了。
你的衣服被我给弄脏了。	恁的衣服叫我给恁弄脏了。
他的衣服被我给弄脏了。	他的衣服叫俺给他弄脏了。
庄稼被牛给啃光了。	庄稼叫牛给他啃光了。
玻璃被人给打破了。	玻璃叫人给他打破了。

3. 请看例句

普通话：我被狗把裤脚撕破了。

莱州话：我把裤脚叫狗撕破了。

普通话被动句中，“把”“被”连用，只存在“被……把”的句式，不存在“把……被”的句式。而莱州方言中，既可以把“被”放在前面，又可以把“把”放在前面，如例句②。下面把莱州话这种不规范说法与普通话对照一下：

普通话	莱州话
他被开水把手烫了。	他把手叫开水烫了。
肉都被狗吃了。	把肉都叫狗吃了。
小麦被雨淋湿了。	把小麦叫雨淋湿了。
我被门把手挤了。	我把手叫门挤了。

（四）复句和关联词语

莱州方言的复句很有地方特色，现举例如下：

1. 并列句

有一种并列句在口语里十分流行，其格式为：“既之（或：既上）A，又B”，表达的意义是：“已经处于A的境地，偏偏又出现了情况B”。A和B表示的内容，都是当事人所不希望出现的。例如：

他既之没有钱，又得给老人治病。

他既之生气，你又去惹他。

他既之心里难受，你又去提过去的事情。

2. 转折句

莱州话中，有一种转折句是普通话中所没有的。其基本格式为："处A，还B"。表达的基本意义是"事实是A，却还B"。整个句子具有贬义，意在强调不应当B。例如：

他处没有钱，还爱穷摆谱。

他处什么不是，还觉着个人了不起。

他处学习成绩差，平时还不知道努力。

3. 假设句

莱州话有一种习惯说法对比和强调意味极浓，即先用一语肯定事实，再从反面假设，其基本格式为："（这）就是A，要是B，就C"。例如：

这就是他没看见，要是他看见了，就不会饶你。

我就是没有钱，要是有钱，非买这本书不可。

就是我，要是换成旁人，保证不会答应你。

这就是他没来，要是他来了，就一定会跟你去。

在莱州方言中，如果从正反两方面假设，习惯的说法是："A便罢，要是B，就C"。"便罢"相当于文言文中的"则已"。例如：

他不来便罢，要是来了，一定会来看望我。

她给我便罢，她要是不给我，我就去找她妈妈要。

这块事不办便罢，要是办，就一定得办好。

4. 紧缩句

在莱州方言中，紧缩句也是多种多样，但当前后两个谓语为同一个动词时，中间的关联词"就"有时省略不说，形同两个动词的重

叠。[①]例如：

普通话	莱州话
他要走就走吧。	他待走走吧。
他要拿就拿去吧。	他要拿拿去吧。
她愿意唱就叫她唱吧。	她愿唱唱吧。
他爱吃就吃吧。	他爱吃吃吧。

通过以上莱州方言与普通话的语法比较，我们可以看出，莱州方言语法与普通话语法的差异并没有严格的对应规律，所以不能用学语音那种类推的方法来学习语法。而应在平时看书、读报、听广播时多加注意，自觉学习普通话语法，改掉自己不合规范的方言语法。

①钱曾怡，太田斋，陈洪昕，杨秋泽．莱州方言志[M]．济南：齐鲁书社，2005：327.

第七章　普通话的朗读与会话

第一节　朗读的要求和技巧

一、朗读的要求

朗读就是通过富有感染力的清晰响亮的声音，生动地再现出文章的内容，使听众了解作者的思想，并引起感情上的共鸣。[①]朗读训练的要求主要有：

首先，要正确理解作品思想内容。朗读作为一种语言艺术，必须在正确深刻理解作品思想内容的基础上，讲究技巧，掌握有声语言表情达意的规律。

其次，要正确流利有感情。所谓正确，就是语音要规范，即按北京语音系统读准每个字的声韵调。要切实遵照原文，不漏字，不添字，不换字，不读错别字，不破读。所谓流利，就是语气要流畅，不

①赵介平. 朗读的魅力: 语文教师实用指南[M]. 太原: 山西人民出版社, 2012: 15.

颠倒重复。朗读时要有与作品相适应的速度，既不能断断续续，梗塞滞留，又不能急若奔流，毫无间歇。所谓有感情，就是要根据作品的内容和体裁，正确、恰当地运用停顿、重音、速度和语气、语调等朗读技巧，使文章的思想内容得到最充分的表达，读得真挚自然，生动感人。①

再次，要充分运用语音知识指导朗读实践。要把在普通话语音训练中学到的语音知识充分运用于朗读实践。每个汉字的吐字归音都要按照声、韵、调正确的发音理论严格要求，并通过朗读训练加深对所学语音知识的理解与巩固。

最后，要加强练习，提高技能。要朗读好文章，需要进行严格的实践训练。训练时，要克服不愿练读、不敢练读的心理弱点，增强训练的自觉性。要掌握方法，努力提高朗读技能。

二、朗读的技巧

构成朗读技巧的因素主要包括停顿、重音、速度和语调、语气四个方面。

（一）停顿

停顿是指朗读语流中声音的间歇。②它既是说话人生理上换气的需要，也是表情达意的需要，更是听话人领悟思考的需要。③停顿无论长短，要做到声静心不静，音断气不断，达到"此时无声胜有声"的效果。

---

①赵介平. 朗读的魅力：语文教师实用指南[M]. 太原：山西人民出版社, 2012: 13.

②李振考. 中师生教学技能训练指导[M]. 北京：北京师范大学出版社, 1993: 13.

③张颂. 朗读学（第三版）[M]. 北京：中国传媒大学出版社, 2010: 121.

1. 停顿的确定

一般说来停顿有三种：语法停顿、结构停顿和强调停顿。[①]

（1）语法停顿。语法停顿指根据句子的语法关系而作的停顿。文章中的标点符号表示最基本的语法停顿。

①句号、问号、感叹号——用于句尾，表示句终的停顿。

句号的停顿明显，尾音较低，表达出语意结束的意思。问号的停顿促使对方思考，给人等待回答的感觉，尾音要上扬。感叹号常表达强烈感情，要用较长的停顿，给人以回味的余地。

②分号、冒号、逗号、顿号——用于句子中，表示某些部分间的停顿，时间上比较短。

分号、顿号同样表示并列成分间的停顿，但分号用于分句间，时间稍长一些，而顿号用于词语间，是所有停顿中时间最短的。冒号是为了提示下文，读的时候音调要提高，与下文连接紧凑。逗号表示意犹未尽，等待下文，停顿前尾音稍高，语气要有连续感，停顿的时间比分号短。例如《赵州桥》：

这座桥不但坚固，| 而且美观。‖ 桥面两侧有石栏，| 栏板上雕刻着精美的图案：‖ 有的刻着两条相互缠绕的龙，| 嘴里吐出美丽的水花；‖ 有的刻着两条飞龙，| 前爪相互抵着，| 各自回首遥望；‖ 还有的刻着双龙戏珠。‖ 所有的龙似乎都在游动，| 真像活了一样。

第一句介绍赵州桥的外观特点：坚固、美观。两个分句要读紧凑，而第一句与第二句间要有个明显的停顿，使这一句与下面的具体描绘区分开来。在“桥面两侧有石栏”的地方作适当的停顿，镜头再慢慢推向两旁石栏。接着镜头推进，展现出栏板上的各种图案，这里的冒号要读出提示的感觉，停顿的时间可以稍长一些。下面三个并列

①李振考. 中师生教学技能训练指导[M]. 北京：北京师范大学出版社，1993: 14.

分句间的停顿时间基本上相当。语气的连贯性要强一些，好像这些图案接连在眼前闪动一样，然后做一个较长的停顿，再带着赞叹的口气读出最后一句小结性的话。

朗读中的语法停顿要比标点符号所表示的停顿细致得多，灵活得多。根据语气上的需要有的时候有标点的地方不一定停顿，时间的长短也可以灵活变化。

如《捞月亮》中，当小猴子见到月亮掉到井里的时候，就叫喊起来："糟啦，糟啦！"这"糟啦，糟啦！"要连起来读，表现出小猴子焦急的心情。

（2）结构停顿。结构停顿是为了分清文章层次段落的停顿。结构停顿一般比标点符号的停顿要长一些。一般情况下段落间的停顿时间最长，句子间的停顿时间最短，层次间的停顿时间居于二者之间。例如《我不再羡慕……》：

从山沟沟里跨进大学那年，┆我才16岁，┆浑身上下飞扬着土气。‖没有学过英语，不知道安娜·卡列尼娜是谁；丨不会说普通话，不敢在公开场合讲一句话；丨不懂得烫发能增加女性的妩媚；丨第一次看到班上男同学搂着女同学跳舞，吓得心跳脸红……

这段话可分为两个层次：前一句是第一层次，后四句是第二层次，前后层次是总分关系，先说身上"飞扬着土气"，而后说土气的几个方面。句号后的停顿时间必须长些（比后面分号后的停顿要长），才可以清楚地显示出前后的层次感来。

（3）强调停顿。强调停顿是强调某种意思、感情的停顿。它不受语法、结构的制约，根据作者的需要来作决定。如《荷花》：

有的丨才展开两三片花瓣儿。有的丨花瓣儿全都展开了，露出嫩黄色的小莲蓬。有的丨还是花骨朵儿，看起来饱胀得马上要破裂似的。

文中"有的花瓣儿全都展开了"这句话，如果在"花瓣儿"的后面停顿，是表示一朵花的一部分花瓣已经展开了，如果在“有的”后面停顿，则表示有些花的花瓣已经展开了。联系上下文，显然后一种停顿才是正确的。可见，安排强调停顿要从内容感情的需要出发。

常见的强调停顿有以下几种：

①表示呼应的停顿。[①]

如《种子的力》开头一句：

有这样一个故事。有人问丨世界上什么东西的气力最大。

文中“有人问”是呼，“世界上什么东西的气力最大”是应。呼应间做适当的停顿，能引起听者对下文的兴趣。停顿后面的内容要连接，造成呼应的整体感。

②表示并列的停顿。[②]

如《十里长街送总理》第一段：

天灰蒙蒙的，又阴又冷。长安街两旁的人行道上，挤满了男女老少，路丨是那样长，人丨是那样多，向东丨望不见头，向西丨望不见尾。人们臂上丨都缠着黑纱，胸前丨都佩着白花，眼睛都望着周总理的灵车将要开来的方向。

文中“路”与“人”并列，“向东”与“向西”并列，“臂上”与“胸前”“眼睛”并列，这些词后面的内容也是并列的。在它们后面做适当的停顿，不仅使语意明确，形成并列感，也表达了人们悲痛的感觉。

如果并列成分较多，可以采取分组的方法，将有某种内在联系的放在一起。读的时候在保持并列感的基础上，组与组之间的并列时间可以稍长一些，组内各成分间的停顿时间可以稍短一些。如《瑞雪》

①赵介平. 朗读的魅力: 语文教师实用指南[M]. 太原: 山西人民出版社, 2012: 72.

②赵介平. 朗读的魅力: 语文教师实用指南[M]. 太原: 山西人民出版社, 2012: 73.

最后一句：

孩子们在雪地里堆雪人｜掷雪球，‖奔跑着，｜追逐着，清脆的笑声传遍了山村。

文中有四个并列成分，可分为两组："堆雪人、掷雪球"一组，"奔跑着、追逐着"一组。这样朗读时就可以避免机械单调的感觉了。

③表示分合的停顿。[①]

这种停顿包括先分后合和先合后分两种。表示分的成分间停顿时间较短，表示分与合的成分间停顿时间较长一些。如《初冬》：

远处的塔、｜小山‖都不见了。近处的田野、｜树林‖像隔着一层纱，模模糊糊看不清。

文中的"塔、小山、田野、树林"是分，"都不见了、像隔了一层纱、模模糊糊看不清"是合。读的时候要在"小山、树林"等处安排较长的停顿，比句中顿号、逗号处的停顿都要长，这样才能表达出句子的意思。

有些分合性的停顿从字面上看不出什么，要联系内容，从逻辑感受中找到停顿的位置。

比如《草地夜行》：

咱们得快点走呀！‖你看，太阳快落了。｜天黑以前咱们必须赶上部队。｜这草地到处是深潭，掉下去可就不能再革命了。

文中这几句没有任何关联词语，朗读时很容易按标点停顿去处理。但仔细分析起来，句中包含着一个明显的因果关系。"咱们得快点走呀！"是领属性句子，要有明显的停顿。接下来三句是"快点走"的原因：太阳落、天黑、有深潭，读"太阳快落了"要有紧迫感，用此引出赶上部队的强烈愿望。接着以"有深潭"做反衬，并埋

①赵介平. 朗读的魅力：语文教师实用指南[M]. 太原：山西人民出版社，2012：74.

下伏笔，与下文“掉进深潭”照应，给“快点走”一句以强烈浓厚的色彩。

④表示判断的停顿。[①]

当我们边思索、判断边说话的时候，往往会出现停顿，朗读时要表现这一点，往往在那些表示思索、判断的词语前后运用停顿。停顿前面的那个音节可以拖长些。比如《狼和小羊》中的一段话：

狼气冲冲地说：“就算这样吧，你总是个坏家伙！我听说，去年丨你在背地里说我的坏话！”

文中狼因没吃成小羊找的第二个借口，读的时候可在“我听说”后面使用拖腔，“去年”后面稍停一下，表示狼一面说一面编造谎言的思索语态。

⑤表示生理变化的停顿。[②]

有些停顿是由于某些生理变化而产生的，如哽咽、生命垂危时、气喘吁吁地报告、口吃，等等。朗读时这种停顿不能太夸张，只要给予必要的象征性的表现即可。如《金色的鱼钩》中，老班长临终前的话后面要安排一个停顿，造成老班长因身体虚弱，说起话来越来越吃力的感受，也突出了烈士崇高的思想境界：

他微微地睁开眼睛，看见我端着的鱼汤，头一句话就说：“小梁，别浪费东西了，我……我不行啦。你们吃吧！还有二十多里路，吃完了，一定要丨走出草地去！”

⑥突出特定感情的停顿。

这种停顿受感情的支配，是根据感情的需要来决定停顿的位置和时间的长短，也称为感情停顿。

---

①赵介平. 朗读的魅力：语文教师实用指南[M]. 太原：山西人民出版社，2012: 76.

②赵介平. 朗读的魅力：语文教师实用指南[M]. 太原：山西人民出版社，2012: 78.

如《再见了，亲人》最后一句，在“永远”后面做一个较长的停顿，可以充分表达出志愿军战士对朝鲜人民的依恋之情：

再见了，亲人！我们的心永远丨跟你们在一起。

2. 停顿的表达方法

停顿只是声音的暂时休止，是思想感情的延续，绝不是毫无意义的空白，而是“此时无声胜有声”的内心感情的表达。[①]

（1）戛然而止的停顿。

停顿时要干脆，声音短，不能拖长。如《刘胡兰》中的几句，末尾两个字要坚实、迅速地收住，以表现刘胡兰的坚强性格。刘胡兰的话要说得坚定有力，既不急促，也不舒缓，读的时候声音要大，吐字要有力，一字千钧，给人以大无畏的豪壮感：

刘胡兰愤怒地回答：“打死也不说！”刘胡兰像钢铁铸成似的，一点儿也不动摇。

“要杀要砍由你们，怕死不是共产党！”

（2）渐弱渐止的停顿。

停顿时声音要弱，要收得平稳或舒缓。如《鸟的天堂》结尾一句中“鸟的天堂”要舒缓松弛地收住，声音渐弱而且字音延长，体现出作者离开时的赞美和留恋之情：

那“鸟的天堂”的确是鸟的天堂啊！

另外，句中的停顿与句末的停顿也要有不同的处理。一句话、一段话或一篇文章朗读完毕，要给人以结束的感觉，这可以从以下两个方面来把握。一方面要注意气息的运用。话说完时，气息也呼出完毕，不必留有余气，延伸到下一句话。另一方面要注意收音。音节要处于落势，把音节收住。有时停顿前整个词语都要下落，造成稳定的

①李振考. 中师生教学技能训练指导[M]. 北京: 北京师范大学出版社, 1993: 17.

停顿，不要话已说完了，声音还拖起、延续，给人以还要接着说什么的感觉。句中的停顿是指话未说完时出现的停顿，它的气息处理与前面说得正好相反，要有连续感，声音可以有上扬的趋势，来表现说话未完时的情形，也可以把停顿前的音节稍稍拖长，造成“藕断丝连，声断气连”之感。

（二）重音

朗读时为了突出句子中的某一个意思而把某个词语重读，这个词语就叫重音，又叫重读。[①]重音可分成：语法重音、强调重音和感情重音。[②]重音训练是正确表达文章的内容、真切抒发感情的重要手段之一。我们要朗读得好，必须练好这一项基本功。

1. 重音的确定

（1）语法重音。

语法重音是根据语法结构规律重读的音节。[③]这种重音一般不带强烈的感情色彩，位置比较固定，一般分为以下几类：

①一般短句和主谓结构中的谓语，动宾结构中的宾语重读。

主谓结构：

风停了，雨住了，太阳出来了。

胆大心细

花开鸟叫

动宾结构：

扬长避短

开花结果

猴子捞月亮

①张颂. 朗读学（第三版）[M]. 北京: 中国传媒大学出版社, 2010: 141.

②李振考. 中师生教学技能训练指导[M]. 北京: 北京师范大学出版社, 1993: 17.

③同上。

②句子中的定语、状语和表示程度结果的补语重读。

家乡的桥是我梦中的桥。　　《家乡的桥》

西方的天空，还燃烧着一片橘红色的晚霞。　　《海滨仲夏夜》

我一看见这纯白的雪片，就只想尽快扑进这雪白的世界。

《雪花飘呀飘》

为了看日出，我特地起个大早。　　《海上的日出》

小草偷偷地从土里钻出来。　　《春》

他一次次地昏迷过去，又一次次地苏醒过来　《难以想象的抉择》

我上小学的时候，日子过得很苦。　　《"挤油"》

每一次比赛胜过时间，我就快乐得不知道怎么形容。

《和时间赛跑》

③指示代词和疑问代词重读。

请给这儿添一把椅子。

是谁丢了羊羔呢?

④比喻词重读。

《翠鸟》中描写外形的几句中，像什么是句子的主干，要重读，以突出翠鸟可爱的外貌：

头上的羽毛像橄榄色的头巾，绣满翠绿色的花纹。背上的羽毛像浅绿色的春装。腹部的羽毛像赤褐色的衬衫。

（2）强调重音（也叫逻辑重音）。

强调重音是为了突出句子中的某个特殊含义，表达某种特定感情，把某些词语重读，一般来说，一个句子只有一个主要的强调重音。①

这类重音比较难确定，因为它没有固定位置，而是根据说话人内心意愿而定的。如"有个农夫在路上看见一条冻僵了的蛇"这一句

①李振考．中师生教学技能训练指导[M]．北京：北京师范大学出版社，1993：18.

话，根据所要表达意思的不同，重音就有不同的位置。

强调谁看到了蛇，该读成：有个农夫在路上看见一条冻僵了的蛇。

强调在哪里看到了蛇，该读成：有个农夫在路上看见一条冻僵了的蛇。

强调看见的是什么，该读成：有个农夫在路上看见一条冻僵了的蛇。

强调蛇的状态，该读成：有个农夫在路上看见一条冻僵了的蛇。

强调重音常用来表达并列、呼应、对比、肯定、否定、强调、递进、转折等含义。[①]

①表示并列的重音。

并列句子中的并列成分要重读，重读位置大体相似。如《太阳》中的一句：

如果没有太阳，地球上将到处是黑暗，到处是寒冷，没有风、雷、雨、露，没有草、木、鸟、兽，自然也不会有人。

句中的“黑暗”与“寒冷”并列，“风、雷、雨、露”与“草、木、鸟、兽”不但互相并列，而且与“人”并列，这层层并列表明了不能没有太阳的原因，必须重读。

②表示对比的重音。[②]

如《骆驼和羊》全篇都用了对比的方法来写。“高”与“矮”在文中多次成对出现，是最重要的对比重音。朗读的时候，要用适当的方法强调这两个重音，突出骆驼与羊争论的焦点：

骆驼很高，羊很矮。骆驼说：“长得高好。”羊说：“不对，长得矮才好呢。”骆驼说：“我可以做一件事情，证明高比矮好。”羊说：“我也可以做一件事情，证明矮比高好。”

①赵介平. 朗读的魅力：语文教师实用指南[M]. 太原：山西人民出版社，2012: 87.

②李振考. 中师生教学技能训练指导[M]. 北京：北京师范大学出版社，1993: 19.

要注意的是，对比的重音不一定都能在字面上找到相应词语，这就需要我们从原因出发进行分析，确定重音的位置。如《两个铁球同时着地》中的一句：

有的说："这个青年真糊涂、真固执，竟想寻亚里士多德的错处！"

这里的"亚里士多德"含有同别人对比的意思，可以设想这么一个对比句，寻一般人的错处还情有可原，可亚里士多德根本不会有错，所以应将重音放在"亚里士多德"上。

③表示呼应的重音。

《沙漠里的船》第二小节中，"很难认路"与"带路"要用重音相互照应，以突出骆驼的本领：

沙漠广阔无垠，到处是高高低低的沙丘，旅行的人很难认路。骆驼却能在沙漠里给人们带路。

④表示强调的重音。

句子中具有强调色彩的词语要重读。如：

表示时间久的：

黄继光所在的营已战斗了四天四夜。　　《黄继光》

表示数量多少的：

他身负七处重伤，已经没有一件武器。　　《黄继光》

表示程度深浅的：

乌鸦听了狐狸的话，得意极了，就唱起歌来。　　《狐狸和乌鸦》

表示特别指定的：

你骄傲得连自己也看不起了！　　《骄傲的孔雀》

这些重音如果本来已是语法重音，可在客观的情况下再增加主观的强调。

⑤表示递进的重音。

表示人物、事件、行为、思想连续发展变化的词要重读。

《我的旅行》第一自然段，叙述了小豆瓣正式旅行前的经历，朗读时要把这一过程一一交代明白。“豆瓣、豆芽筐子、锅、盘子、筷子、夹、送进、嘴”都是重音：

我是一颗小小的豆瓣。我跟同伴们离开了豆芽筐子，先来到一口锅里，又来到一个盘子里。接着我被一双筷子夹起来，送进一个小孩的嘴里。

再如《海上的日出》第三段，按太阳升起的时间顺序用笔，朗读时宜先轻读而后逐渐重读：

果然，过了一小会儿，在那里就出现了太阳的一小半，红是红得很，却没有光亮。这太阳像负着什么重担似的，慢慢儿，一步一步地，努力向上面升起来，到了最后，终于冲破了云霞，完全跳出了海面。

⑥表示肯定与否定的重音。

文章常用“是、有、在”或者“不是、没有、不、没”等词来表示确定无疑的肯定或否定判断，这些词都要重读。

如《要下雨了》中，小白兔把要下雨的消息告诉蚂蚁的时候，一只大蚂蚁说“是要下雨了”，肯定了小白兔的看法，“是”就应肯定性地重读：

小白兔连忙挎着篮子往家跑，看见路边有一大群蚂蚁。小白兔把要下雨的消息告诉蚂蚁。一只大蚂蚁说：“是要下雨了。我们正忙着往高处搬家呢！”

再如《画蛇添足》：

蛇是没有脚的，你干吗要画上脚呢？

第一个画好蛇的是我，不是你啦！

句中的“没有、不是”要重读。

要注意的是，并不是所有的判断词都要重读。比如《日月潭》的第一句，就不能把“是”作为表示肯定的重音加以强调，读成：“日月潭是我国台湾省的一个大湖”，因为课文中并不存在日月潭是不是我国台湾省的一个大湖的疑问。要强调的是它的位置在台湾省，应读成“日月潭是我国台湾省的一个大湖。”

（3）感情重音。①

带有强烈感情色彩的词要重读，这叫感情重音。如《囚歌》的第二节，表达了作者对自由的向往之情和对革命事业的坚定信念。“渴望、深深、人、狗洞”表现作者爱憎分明的思想感情，要重读：

我渴望自由，

但我深深地知道

人的身躯怎能从狗洞子里爬出！

感情重音往往是一句话或几句话，如《难忘的泼水节》结尾的两句话：

多么幸福啊，一九六一年的泼水节！

多么令人难忘啊，一九六一年的泼水节！

这两句话表达了傣族人民对周总理的真挚感情，读的时候每个音节都要加重。

2. 重音的表达方式

重音确定之后，关键是要用有声语言把它表现出来，下面介绍几种常见的表示方法。②

（1）利用音量的变化突出重音。

①加强音量、音势，即把重音读得重些响些。一般用于感情强烈的语句或形象鲜明的事物。

如《草地夜行》中的一句，为了表现“顶”得有力，“甩”得迅

①李振考. 中师生教学技能训练指导[M]. 北京: 北京师范大学出版社, 1993: 21.

②张颂. 朗读学（第三版）[M]. 北京: 中国传媒大学出版社, 2010: 153.

猛，表现老班长舍己为人的高尚精神境界，要用高而强的声音，突出重音：

这时候，他用力把我一顶，一下子把我甩在一边，大声说："快离开我，咱们两个人不能都牺牲！……要……要记住革命！"

②重音轻读。

减弱声音的音量、音势。课文中轻巧的动作、静寂的环境、深沉的情感等都可运用轻读的方法来突出重音。

如《精彩的马戏》一文中，讲黑熊踩木球的一段，轻而慢地读"小心地"三个字，才能表现出黑熊小心翼翼的神态：

笨重的黑熊，爬到大木球上，直立着身子，小心地移动着双脚，让大木球滚到跷跷板上。

（2）拖长音节突出重音。

把要强调的字音拖长一些。《坐井观天》中青蛙的话，要读得慢条斯理，并用拖腔突出重音，来表现它的无知和自以为是：

朋友，别——说大话了！天不过井口——那么大，还用飞那——么远吗？

朋友，我天天——坐在井里，一抬头——就看见天。我不——会弄错的。

（3）利用停顿来突出重音。

这是一个重要的方法，几乎每个主要重音的突出都离不开它。在重音的前后做必要的停顿能使重音更加突出，给人留下更深刻的印象。

《卖火柴的小女孩》中写小女孩冻死的一段，"她死了、冻死了"两处可运用控制音量的一字一顿的方式来读，表现出作者满怀同情、痛苦沉重的心情：

第二天清晨，这个小女孩坐在墙角里，两腮通红，嘴上带着微笑。她丨死丨了，在旧年的大年夜冻丨死丨了。

（4）利用节奏突变来突出重音。

《翠鸟》中写翠鸟叼鱼一段，要用速度的变化来突出翠鸟行动的敏捷。“蹬、像箭一样、叼、贴”几个词要用较高的语调、较快的语速，让听者感受到确实在瞬息之间翠鸟已满载食物远走高飞了。而最后一句要用低而轻的语调来读，速度放慢，使它与上述的敏捷行动形成对比：

有一次，我亲眼看见一条小鱼刚刚露出水面，翠鸟就蹬开苇秆，像箭一样飞过去，叼起那条小鱼，贴着水面往远处飞走了。只有那苇秆还在摇晃，水波还在荡漾。

以上几种方法是互相联系的，我们应该根据文章的思想内容来灵活运用。朗读的时候还要注意到声音轻重的和谐性，使每个重音的表达都鲜明、贴切、自然、畅达。

（三）速度

朗读的快慢速度叫语速。语速是由作品内容而激起的，是由思想感情的强弱变化来决定的。朗读的快和慢是相对而言的，应该在快而不乱、慢而不拖的前提下，根据作品的思想内容和体裁形式确定速度，做到有快有慢，快慢适中。①

1. 速度的确定

（1）根据人物感情、环境气氛的色彩来把握语速。

①内外一致、表里如一的速度节奏。

在通常情况下，人们内心情感的起伏变化与语言速度的快慢变化是一致的。当内心变化平缓或感情色彩灰暗时，语言的速度就要舒缓；而当人们的内心情感强烈或感情色彩鲜明的时候，说话的速度往往是快速激烈的。《雷雨》前三个小节写雷雨前的情景，就要通过语

①李振考. 中师生教学技能训练指导[M]. 北京: 北京师范大学出版社, 1993: 22.

速变化来表现气候环境的变化。第一小节中写“叶子”和“蝉”的两句，要用特别慢的语速来读，显示出乌云压下来的沉闷，世界似乎要窒息了。“忽然”一句，语速突然加快，使全篇气氛一下变得紧张起来，“蜘蛛垂下来逃走了”要一口气急切读出，表现蜘蛛逃跑动作的迅速。最后一句，在“闪、雷”后面略顿一下，然后快速读完全句，再现了那扣人心弦的电闪雷鸣的场面：

满天的乌云，黑沉沉地压下来。树上的叶子一动也不动，蝉一声也不出。

忽然一阵大风，吹得树枝乱摆。一只蜘蛛从网上垂下来，逃走了。

闪电越来越亮，雷声越来越响。

《小壁虎借尾巴》最后一段，要注意随着小壁虎心情的变化变换语调、语速。前面的那一句写小壁虎因借不到尾巴而十分失望，语速要慢，语调要低；而当它发现自己又长出一条新尾巴时，要用较快的语速、较高的语调表现它高兴的心情：

小壁虎借不到尾巴，心里很难过。他爬呀爬，爬回家里找妈妈。

小壁虎把借尾巴的事告诉了妈妈。妈妈笑着说：“傻孩子，你转过身子看看。”小壁虎转身一看，高兴地叫了起来：“我长出一条新尾巴啦！”

②内外不一致的速度节奏。

第一，内心紧张而语速却显得缓慢，显现一种“内紧外松”的状态。[①]

《草船借箭》中周瑜与诸葛亮的对话：

有一天，周瑜请诸葛亮来商议军事，说：“我们就要跟曹军交战，用什么兵器最好？”诸葛亮说：“用弓箭最好。”周瑜说：

①李振考. 中师生教学技能训练指导[M]. 北京: 北京师范大学出版社, 1993: 23.

“对，先生跟我想的一样。现在军中缺箭，想请先生负责赶造十万支。这是公事，希望先生不要推却。”诸葛亮说：“都督委托，当然要照办。不知道这十万支箭什么时候用？”周瑜问：“十天造得好吗？”诸葛亮说：“既然就要交战，十天造好，必然误了大事。”周瑜问：“先生预计几天可以造好？”诸葛亮说：“只要三天。”周瑜说：“军情紧急，可不能开玩笑。”诸葛亮说：“怎么敢跟都督开玩笑？我愿意立下军令状，三天造不好，甘受重罚。”

文中周瑜妒忌心强，设计陷害诸葛亮，又不想露马脚，读的时候外松内紧，一步紧逼一步。逼诸葛亮接受造箭的任务并立下军令状与诸葛亮遇事冷静、胸有成竹、说话从容不迫的性格特点形成鲜明对比。

第二，内心并没有真正紧张，却故意把话说得快速急促，呈现出“内松外紧”的状态。

如《说谎的孩子》中，放羊的孩子第一次大声喊“狼来了，狼来了”是出于好玩的心理，想和大人们开个玩笑，其实狼并没有来。但为了骗得像一点，就故作紧张，用急促的语速连喊了两声“狼来了”。

准确地运用以上两种语速节奏，有利于揭示强调人物的思想感情，刻画人物性格。

（2）根据不同形象、不同特征来把握语速。①

不同年龄、不同性格的人说话的速度是各不相同的。如年轻人和性格活泼的人说话速度一般流利、通畅；而老年人或性格朴实憨厚的人，说话语速大多都迟缓、拖沓。形象不同，语速也不同，如《精彩的马戏》向我们讲述了猴子、黑熊、山羊等动物的精彩表演：

先说猴子爬竿吧。猴子穿着小孩的衣服，爬到高竿的顶上，在上

①李振考. 中师生教学技能训练指导[M]. 北京: 北京师范大学出版社, 1993: 23.

面倒竖蜻蜓。一双圆溜溜的眼睛好奇地瞅着观众。它那顽皮的样子逗得大家直笑。

熊踩木球也很好玩。笨重的黑熊，爬到大木球上，直立着身子，小心地移动着双脚，让大木球滚到跷跷板上。刚滚过中心点，跷跷板的那一头掉下来了。你看那黑熊多紧张呀！人们发出一阵哄笑。

山羊走钢丝表演得也很出色。在细细的钢丝上，山羊像在平地上一样，稳稳当当地走过来走过去。……

读猴子爬竿一段，用较轻松活泼的语调、较快的语速来表现它的敏捷轻盈。黑熊显得笨重，行动迟缓，语速比前一段慢。而山羊走起钢丝来像在平地上一样稳稳当当，读的时候语速也要平稳。

（3）根据作品的基调把握语速。

基调是作品总的态度感情、总的色彩和分量。朗读速度的快或慢应与作品的基调基本一致。如朗读基调明朗的文章，以稍快的速度来表达；沉痛的基调常以低沉徐缓的语速来体现；作品的色彩亲切朴素，读的速度也要平缓感人。

《月光曲》是一个关于德国著名音乐家贝多芬谱写《月光曲》的动人传说，它赞美了贝多芬美妙精湛的演奏技艺和热心助人的高尚品质。其中的一部分是：①

一阵风把蜡烛吹灭了。月光照进窗子，茅屋里的一切好像披上了银纱，显得格外清幽。贝多芬望了望站在他身旁的兄妹俩，借着清幽的月光，按起琴键来。

皮鞋匠静静地听着。他好像面对着大海，月光正从水天相接的地方升起来。微波粼粼的海面上，霎时间洒遍了银光。月亮越升越高，穿过一缕一缕轻纱似的微云。忽然，海面上刮起了大风，卷起了巨

---

①李振考. 中师生教学技能训练指导[M]. 北京：北京师范大学出版社, 1993: 24.

浪。被月光照得雪亮的浪花，一个连一个朝着岸边涌过来……月光正照在她那恬静的脸上，照着她睁得大大的眼睛。她仿佛也看到了，看到了她从来没有看到过的景象——月光照耀下的波涛汹涌的大海。

课文中贝多芬对穷人是同情的，而盲姑娘又是那样酷爱他的作品，即使在如此穷困的家境中仍执着追求、一往情深。文中还多次出现月光，现实与想象的交织出现赋予诗一般的优美意境。整个基调是深挚真切的是轻柔舒展的。要用轻柔、深挚的语气和舒展的语速来表现文章的总体色彩。其中《月光曲》的弹奏是全文的重点，整段要读得柔和、亲切，语速稍慢，同时又要注意变化，从微波粼粼的恬静柔美到波涛汹涌的雄伟壮观，语速要由慢到快，使文章的主旋律富于变化。

2. 速度的表达方法

语速的快慢变化是由音长和音节间隔时间长短的变化决定的。语速较快，音节较短促，音节与音节连接紧凑；语速较慢，音节舒缓、拉得较长，音节与音节连接松散，音节之间的时值也相对显得长一些。朗读整篇文章，语速的快慢是有变化的。语速变化的依据，如前文所述，主要是文章的思想内容。语速变化的通常形式是：快中有慢，慢中有快；欲快先慢，欲慢先快。[①]

下面以《野兔》一文为例加以分析。

我正要去追，眼前出现了一幅奇异的情景。一只老鹰在低空打了个盘旋，斜着身子向野兔俯冲下来。老鹰张开爪子去抓野兔的脖子。眼看就要抓住了，野兔敏捷地往旁边一跳，躲开了。它并不逃走，反而迎着老鹰跳过去，跳得比老鹰还高。老鹰盯住野兔不放，扇动有力的翅膀朝野兔身上打去。

忽然，野兔不动了，四脚朝天躺在地上，那只老鹰猛扑到野兔身

①李振考. 中师生教学技能训练指导[M]. 北京: 北京师范大学出版社, 1993: 25.

上，要啄它的眼睛。突然野兔弹出后腿，重重地踢老鹰的肚子，一连几下，踢得老鹰扑棱着翅膀，一头栽倒在地上……

再看那只野兔，它一转身爬了起来……飞快地跑了。

文章描述了野兔用巧计战胜凶恶强大的老鹰，保全了自己的过程。文章中野兔虽始终处于危险境地，但文章的手法有张有弛。每一次都是在野兔遭残害的关键时刻，笔锋一转舒缓下来，野兔暂时脱险，气氛也暂时平静下来。朗读时要运用声音的轻重缓急把这一点表达出来。老鹰和野兔共交战了两个回合，整个过程的节奏是紧张—舒缓、再紧张—再舒缓。读“眼前出现了一幅奇异的情景”一句，声音升高，流露出惊奇，引起听者的注意。之后有个短暂的停息，为即将出现的紧张气氛做准备。“一只老鹰”这句声音突起，速度要快，“俯冲”二字用强音，给人紧迫感。下面一句语速越来越快，声音也稍稍升高，使人感到野兔马上有丧命的危险。“抓住了”后面稍停，当听者正为野兔担心的时候，用快速读出“野兔敏捷地往旁边一跳”，“跳”字要短促，猛然收住。然后放慢语速读“躲开了”，稍停之后又转紧张，表现野兔和老鹰动作的词“迎、打”要读得强而快。第二个回合写野兔怎样巧胜老鹰。“忽然”一句，表现了野兔出人意料的举动，要带点惊奇的语气，语速稍慢。接着的几句要用较快的语速描绘出它们互相搏斗的情景，读“一头栽倒在地上”时，语调顺势降下来，后面一句语调转舒缓。最后一段中“一转身”要读得高而快，体现出野兔动作的敏捷。

（四）语调、语气

语调，又称升降，是指说话的腔调，即一句话里语音高低、轻重的配置。而语气则是说话的口气，是声音抑扬、强弱、快慢、长短以及感情色彩的综合体现。语调与语气总是同时出现在语句当中。[1]

---

①李振考. 中师生教学技能训练指导[M]. 北京: 北京师范大学出版社, 1993: 25.

人们总是为了表达自己的思想、感情、愿望才说话的。既然是有感而发，就会用不同的语调、语气来表达不同的意愿。可以说运用不同的语调、语气说话是人们的本能。不过在朗读的时候，我们如果对作品理解得不深，不能很好地运用语言技巧，在表达上就会不如像在生活中那么自如了。因此哪怕只有一个字，也要在弄清其内涵的基础上才能准确表达。比如我们听见一个人在接电话，他只是重复着一个同样的语气词“啊”字，但用于表达的意思不同，语调、语气就大不一样了。当他没有听清或没有弄懂对方的意思时，语调稍扬，略加拖长；当他终于听明白了，语调下抑并略加拖长；表示正在听着对方的话，语调就短而稍抑。语气、表情也同时随着说话内容不断地发生着变化。

1. 语调、语气的确定

（1）从语法角度入手确定语调的升降变化。

普通话语调的抑扬，明显地表现在句子末尾的字音上，一般分成四种基本类型。

①升调。

前低后高，语气上扬。常用于疑问语气的疑问句中。如《渔夫和金鱼的故事》：

您要什么呀，老爹爹？↑

②降调。

先高后低，语气降低。表示感情强烈的感叹句或表达愿望的祈使句就属于这种语调。如《渔夫和金鱼的故事》：

金鱼苦苦地哀求！↓

她用人的声音讲着话：

“老爹爹，您把我放回大海吧！”↓

③平调。

没有明显的高低变化，语气平直舒缓，常见于陈述句。如《渔夫

和金鱼的故事》：

从前有个老头儿和他的老太婆，

住在蔚蓝的大海边；

他们同住在一座破旧的小木棚里，

整整地过了三十又三年。

→

④曲调。

朗读的时候，语调由高转低再升高或由低转高再降低。曲调所加以强调和突出的音节不像其他语调那样多表现在句末，而是根据需要出现在句中不同的位置上。它一般用于表现复杂的情绪和隐晦的感情。[①]

表示讽刺的：

人的身躯怎能从狗洞子里爬出！ 《囚歌》

表示批评的：

花喜鹊拍拍翅膀，说："骄傲的孔雀，湖里那只鸟就是你自己的影子啊！你骄傲得连自己也看不起了！" 《骄傲的孔雀》

表示假意的阿谀奉承：

狐狸又说："亲爱的乌鸦，您的羽毛真漂亮，麻雀比起您来，可就差多了。您的嗓子真好，谁都爱听您唱歌。您唱几句吧！"

《狐狸和乌鸦》

（2）从人物的环境、感情出发，确定语调的舒缓抑扬。[②]

①在平静、愉快、舒适的环境中，或当人物处于喜悦的心情之中时，可运用柔和、平稳的语调，自然、甜美、抒情的音色，适中的语速来表现。如《彩霞姑娘》中写彩霞姑娘得救的一段：

①李振考. 中师生教学技能训练指导[M]. 北京：北京师范大学出版社，1993: 26.

②李振考. 中师生教学技能训练指导[M]. 北京：北京师范大学出版社，1993: 27.

彩霞姑娘感到一阵温暖，醒过来了。她睁开眼睛一看，自己躺在岸边的草地上。灿烂的阳光照在她身上，清清的河水在她脚下淙淙地响。她抬起头来，看见到处是果树，结着从来没有见过的果子。她饿极了，伸手摘了一个果子吃，肚子立刻饱了。她低下头，水波里映出天仙一样的笑脸。她用手梳理自己的头发，头发上忽然戴了个鲜艳无比的花环。她站在暖暖的河水里，搓洗衣服上的泥浆，衣服忽然变成了金丝银线织成的彩衣。她走上岸来，啊！脚上穿了一双玫瑰色的鞋，鞋上还镶着绿宝石呢！

读彩霞姑娘“醒过来了”要流露出喜悦；读“草地、阳光、河水、果树”声音要甜美柔润。彩霞姑娘吃了仙果之后，从头到脚发生了一系列变化，每句都要用惊喜的语气读。读“鲜艳无比的花环”“金丝银线织成的彩衣”“玫瑰色的鞋”等句，音调可以升高一些，句尾微微上扬，传达出欣喜的心情。

②明快热闹的场面和兴高采烈的心境可用激昂高扬的语调，较快的语速，热情洋溢的语气来表达。如《难忘的泼水节》：

那天早晨，人们敲起象脚鼓，从四面八方赶来了。为了欢迎周总理，人们在地上撒满了凤凰花的花瓣，好像铺上了鲜红的地毯。一条条龙船驶过江面，一串串花炮升上天空。人们欢呼着：“周总理来了！”

周总理身穿对襟白褂，咖啡色长裤，头上包着一条水红色头巾，笑容满面地来到人群中。他接过一只象脚鼓，敲着欢乐的鼓点，踩着凤凰花铺成的“地毯”，同傣族人民一起跳舞。

文章通过对傣族人民的激动心情和对周总理表情、服饰、动作的描写，充分体现了人民爱总理、总理爱人民的真挚感情，整个场面热烈欢腾。高扬的语调，欢乐的气氛贯穿全文。前一段是对节日中傣家人的具体描写。为了突出后面“周总理来了”，这里仍应采用较平静的叙述语气，这里语气上的抑制，可以更好地衬托出下文点明主题时

的上扬语调。后一段是全文感情的高峰。朗读时要热情洋溢，激动万分。前一句的语速适当加快，一气呵成，后一句可稍稳住速度，逐字逐句地读清楚。

③像悲哀、凄凉的场面和孤独、凄楚的心情，要用低沉、压抑的语气、语调和缓慢的语速来表达。如《十里长街送总理》第二段：

夜幕开始降下来。几辆前导车过去以后，总理的灵车缓缓地开来了。灵车四周挂着黑色和黄色的挽幛，上面佩着大白花，庄严，肃穆。人们心情沉痛，目光随着灵车移动。好像有谁在无声地指挥，老人、青年、小孩，都不约而同地站直了身体，摘下帽子，眼睁睁地望着灵车，哭泣着，顾不得擦去腮边的泪水。

就在这十里长街上，我们的周总理陪着毛主席，检阅过多少次人民群众，迎送过多少位来自五洲四海的国际友人。人们常常幸福地看到周总理，看到他矫健的身躯，慈祥的面庞。然而今天，他静静地躺在灵车里，越去越远，和我们永别了！

《十里长街送总理》写的是1976年1月周总理的灵车经过长安街，人民伫立在十里长街和总理告别的动人情景。全文的基调是缓慢低沉的。总理的灵车缓缓地开来了，人们那悲痛的感情就像那开了闸的水一样再也抑制不住了，要读得很慢，语气要低沉。中间回忆总理生前的情景，读得可以稍快稍高。最后一句要读得越来越慢，越来越低。

④表现英雄壮烈牺牲的场面和人们崇敬怀念的心情，要用高昂悲壮的语气、语调来读。如《董存瑞舍身炸暗堡》中的一段：

在这万分紧急的关头，董存瑞昂首挺胸，站在桥中央，左手托起炸药包，顶住桥底，右手猛地一拉导火索。导火索"哧哧"地冒着白烟，闪着火花，火光照亮了他那钢铸一般的脸。一秒钟、两秒钟……他像巨人一样挺立着，两眼放射着坚毅的光芒。他抬头眺望远方，用尽力气高喊着："同志们，为了新中国，冲啊！"

文中讲到董存瑞手托炸药包、猛拉导火索，语调要逐渐高昂。这

是文章的重点、情节发展的高潮，也是塑造英雄形象的最重要片段，要读得慷慨激昂、铿锵有力。他生命中喊的最后一句话，语调要升高，句尾拖长、上升，给人以气壮山河的感觉。

当然，也有用低沉压抑的语调、语气和缓慢的语速来表现英雄牺牲的场面，如《金色的鱼钩》中老班长的牺牲场面，就是如此。

（3）从人物的年龄、性格特点出发，确定语调、语气的刚柔、高低。

大家都知道，不同的人说话时的语调、语气是大不相同的。如童音尖细，老人的声音低沉，急性子的人说话语速快，慢性子的人说话慢条斯理，等等。即使是同一个人在不同的环境、心情中说话的语调、语气也是会有变化的。可见，声音是极有个性的，朗读者要善于设计人物的语言造型。

总之，语调、语气是同人的思想感情一样千变万化的。只要我们深刻正确地理解了作品，找出内心依据，朗读时就会有感而发，运用恰当而准确的语调、语气，表达出真切的内心实感。

2. 语调、语气的表达方法

朗读时语调、语气的变化，主要决定于音高、音强、音长与音色的不同，而音高、音强、音长、音色又与说话时的气息密切相关。通常是读升调时，声门逐渐收缩，声带逐渐拉紧，气流逐渐加强，声音逐渐升高，读降调则恰恰相反。随着声门、声带、气流等的不同变化，语调的高低也就同时产生相应的变化。在语气上表现出的各种不同情态，则要通过声音高低、轻重、强弱、疾徐、舒缓、刚柔、明暗、粗细、虚实等的不同变化来加以具体表达。语调、语气的不同形式，实际上是朗读、说话者真实情感的流露。

第二节 朗读基本功的训练方法

朗读基本功的训练，朗读技能技巧的形成，主要途径是多练。在正确理论指导下，通过不断地实践运用，朗读能力与朗读水平自然而然会得到提高。朗读基本功的训练方法，主要有以下几点：①

1. 勤读

这是朗读训练和说话训练的主要方法。要天天练读，字典、书本随身带，走到哪里读到哪里；平时在街上走路，在商场购物，在公园玩耍，到名胜处游览，见字就读，见物就说，整日口中念念有词；遇到不认识的字、语音读不准的字，随时查字典，确定标准读音后，反复练读；要以读带说，以读练说，在实际生活中读说结合，天长日久能收到纠正方音、提高口语表达能力的良效。

2. 多听

听的目的不仅是鉴赏，更重要的是练说，通过有意识地听他人讲话，提高自己听音、辨音、发音、正音的能力，提高自己的朗读技能和口语水平。要坚持天天听广播，经常听录音，随时听他人讲话。不仅要多听，而且要善听，听是为了学。要随时注意模仿播音员、电影演员、话剧演员、电视节目主持人以及普通话说得好的老师的发音和表达技巧，及时纠正自己的语音错误和不足。另外，还要经常地利用手机、录音机等设备录放自己的朗读、说话，通过对照、监听，找

①李振考. 中师生教学技能训练指导[M]. 北京: 北京师范大学出版社, 1993: 29.

出自己的缺点，及时加以纠正。自己语言中的不足，自己往往难以发现。当制成录音播放时，就会产生“旁听者清”的明显效果，缺点暴露无遗。如此反复练习，朗读水平与说话水平都会发生质的飞跃。

3. 严格要求

对自己的朗读、说话一定要严格要求，不能存有“差不多”的思想，“比上不足，比下有余”，是一种自满情绪。对自己语言中的错误、缺点，要狠整猛纠，一丝不苟。每说一句话，都要做到“三思而后说”，说话前对所要说的每一个字的声母（一思）、韵母（二思）、声调（三思）都想好了、能说正确了再说，话说出口以后，再进行一番自我鉴定。如果有错误，改正后重新另说，直至正确为止。不要怕人笑话，因为这是初级阶段，就如同小孩学走路，摔倒了爬起来再走一样。如果能做到这一点，就是一种了不起的精神。严格要求除要做到有疑就改外，还要做到不懂就问，不会就学。

4. 常实践

俗话说“曲三天不唱口生，拳三天不打手生”，这从反面说明不断练习、反复实践的意义；“一遍生，两遍熟，三遍可以当师傅”，则从正面说明了不断练习、反复实践的重要。学习朗读基本功，和学习声乐演唱或习武打拳一样，要经常不断地、持之以恒地进行实践练习。这样才能变技能为技巧。对于方言区的人，要把自己的母语习惯彻底改成标准的普通话，经常实践显得尤为重要。方言的“复辟”能量是相当大的，稍不注意，它就会在语言实践中冒出来。一定要通过长期实践，用新的普通话语言习惯，代替旧的方言习惯，做到不分场合，不分时间，不分对象，一律说普通话。当众读说，是一条十分宝贵的经验，可以随时取得他人的帮助，通过长期的实践运用，提高自己的口语表达能力。

第三节 会话的一般技巧

会话是人们使用口头语言表达思想、交流感情、增进了解的一种方式。普通话水平测试中的“说话”，就是考察应试者在没有文字材料的依托下，使用普通话语音、词汇、语法的情况。这不单单是对应试者普通话水平的一种测试，也是对应试者心理素质的一种考验。有些应试者即席讲话时，由于紧张或者忙于思考，准备会话的内容、中心思想等而显得顾此失彼，以至于在普通话表达上出现不该出现的问题。所以，不可对会话部分掉以轻心。在说话训练时，不仅要训练组词成句、谋篇布局的能力，还要训练自己快速思维的能力。

1. 围绕话题展开交谈[①]

普通话水平测试通常给出固定话题，由考生围绕话题组织材料，选用事例，遣词造句。比如说，说话题目是“我的学习生活”，就应该围绕自己的“学习”来组织材料，而与学习无关的其他方面，就不能扯进来，否则，就是“偏题”“跑题”。因此要学会善于控制话题，防止游离话题。

2. 谋篇得法

说话要有章法，即材料取舍合理，结构安排完整，由一个问题向另一个问题过渡要自然、顺畅等。例如话题“我知道的风俗”，这可以说是一个很大的题目，可谈的东西很多，有婚丧礼仪风俗、生产习

①罗福腾. 方言与普通话教程[M]. 济南: 山东省新闻出版局, 1998: 19.

俗等，显然不可以面面俱到。最好的办法就是找一个谈话的切入点，就某一个小方面入手，由小到大，小题大做。然后围绕自己确定的中心来确定哪些是应该选用的，哪些是应该舍弃的。有的人准备材料不丰富、不充分，说着说着，没话可说了。材料准备好了，还要考虑结构安排的合理性，做到有头有尾，哪些先说，哪些后说，忌讳想到哪里，说到哪里。如果话题有转换，务必讲究过渡自然，不可让人感觉突然。

3. 语音自然、用词恰当、语句流畅

“语音自然”指的是能按照日常生活口语的语音、语调来说话，不要带着朗读或背诵的腔调。人们生活在社会中，彼此交往贵在以诚待人，讲究的是用亲切、朴实、自然、大方的语音。如果我们用“读书腔”或“朗读腔”，势必会拉大彼此之间的感情距离，而且极易给人留下虚假的印象。

“用词恰当”包括：用普通话中规范的词语，不用方言词语；多用口语词，尽量少用书面语的词语；注意尽量少用时髦用语，尽管某些时髦用语有时很流行，可是一旦运用在普通话水平测试中，就显得不那么优雅，所以还是以不用为宜。另外，要注意避免使用同音词。汉语中有大量的同音词，这给交际带来了很多不便，如“期中”与“期终”“向前看”与“向钱看”等，在没有文字材料的场合下，如果用同音词就容易引起误解。所以，人们交谈时要少用同音词。

“语句流畅”指的是会话时语法准确、语句无长时间的停顿。可以多用短句，避免长句；多用单句，少用复杂的句子；避免使用“口头禅”，有的人平时说话总带口头禅，这不是一种好习惯，应尽量克服。另外，语句的连贯与不连贯、跟说话者的思路是否清晰有关。表达者的思路不清楚，常常是想得不清楚，思想有了障碍，话语也就断断续续。语法的混乱和话语缺乏逻辑性，也与思路是否清晰有关系。这都是值得引起重视的。

参考文献

(以姓氏拼音为序)

[1] 陈洪昕, 陈甲善. 烟台方言音系(下)——烟台方言调查研究之一[J]. 烟台师范学院学报（哲学社会科学版）, 1988.

[2] 陈洪昕. 莱州方言特殊结构初探[J]. 烟台师范学院学报（哲学社会科学版）, 1993.

[3] 国家语言工作委员会普通话培训测试中心. 普通话水平测试实施纲要[M]. 北京: 商务印书馆, 2004.

[4] 国家语委普通话与文字应用培训测试中心. 普通话水平测试实施纲要（2021年版）[M]. 北京: 语文出版社, 2022.

[5] 李佳怡. 莱州方言前缀研究[J]. 韶关学院学报（社会科学版）, 2011.

[6] 李佳怡. 莱州方言语法专题研究[D]. 桂林: 广西师范大学, 2012.

[7] 李莉. 计算机辅助普通话水平测试训练与应试指导[M]. 郑州: 郑州大学出版社, 2018.

[8] 李如龙. 汉语方言调查[M]. 北京: 商务印书馆, 2017.

[9] 李振考. 中师生教学技能训练指导[M]. 北京: 北京师范大学出版

社, 1993.

[10] 龙彩虹. 口语交际理论与训练教程[M]. 南京: 东南大学出版社, 2014.

[11] 罗福腾. 方言与普通话教程[M]. 济南: 山东省新闻出版局, 1998.

[12] 钱曾怡. 山东人学习普通话指南[M]. 济南: 山东大学出版社, 1988.

[13] 钱曾怡, 太田斋, 陈洪昕, 杨秋泽. 莱州方言志[M]. 济南: 齐鲁书社, 2005.

[14] 钱曾怡. 汉语方言研究的方法与实践[M]. 北京: 商务印书馆, 2009.

[15] 钱曾怡. 汉语官话方言研究[M]. 济南: 齐鲁书社, 2010.

[16] 山东省语言文字工作办公室. 简明普通话教程[M]. 济南: 山东大学出版社, 1990.

[17] 史崇寿. 莱州人学习普通话指要[M]. 北京: 作家出版社, 2001.

[18] 宋欣桥. 普通话水平测试员实用手册[M]. 北京: 商务印书馆, 2003.

[19] 唐作藩. 汉语音韵学常识[M]. 北京: 商务印书馆, 2018.

[20] 唐作藩. 普通话语音史话[M]. 北京: 商务印书馆, 2018.

[21] 王学峰. 山东莱州方言与普通话语音差异分析[J]. 鲁东大学学报（哲学社会科学版）, 2019.

[22] 王学峰. 巧学普通话声母[N]. 语言文字报, 2019-01-23.

[23] 王学峰. 六法巧学普通话韵母[N]. 语言文字报, 2019-03-06.

[24] 王学峰. 怎样练好声调[N]. 语言文字报, 2019-12-18.

[25] 王学峰, 綦建春. 巧用语音对应规律学习普通话[N]. 语言文字报, 2020-06-24.

[26] 王学峰, 綦建春. 运用声韵拼合法学习普通话[N]. 语言文字报, 2020-04-29.

[27] 尹建国. 普通话培训与测试[M]. 北京: 语文出版社, 2003.

[28] 张颂. 朗读学（第三版）[M]. 北京: 中国传媒大学出版社, 2010.

[29] 赵介平. 朗读的魅力: 语文教师实用指南[M]. 太原: 山西人民出版社, 2012.

[30] 曾志华, 吴洁茹, 熊征宇, 潘洁. 普通话训练教程[M]. 北京: 中国传媒大学出版社, 2012.

[31] 中共掖县县委宣传部. 莱州古邑掖县[M]. 烟台: 山东省出版总社烟台分社, 1987.

[32] 中国语言资源有声数据库建设领导小组办公室. 中国语言资源有声数据库调查手册汉语方言[M]. 北京: 商务印书馆, 2010.

[33] 周萍, 王红梅, 李唯. 中职生口语交际与应用[M]. 北京: 中国纺织出版社, 2018.

附录1 巧学普通话声母

方言区的人学习普通话，首先要过语音关。语音的学习又需要从普通话的声母、韵母和声调开始。只有读准了普通话的每个声母，才可以为今后的学习打下良好的基础。下面，笔者分享学习普通话声母的一点经验。

学说普通话，首先要正音。正音即找到准确的发音部位，掌握正确的发音方法。凡是方音较重的人，大多是发音部位和发音方法有误。因此，要辨正方言声母发音，首先要确立正确的读音，这是学好普通话、纠正方音的关键，也是下面各种学习方法的基础。

在正准音的基础上，可以经常模仿中央电视台播音员的播音，听"新闻联播"，可以跟说、学说；看电影、话剧，也可以在不影响别人的情况下，默默地模仿普通话标准音。不过，港台电影、电视剧发音不够准确，不应模仿，也不应模仿刚学会普通话的人的发音。

在掌握正确的发音要领、方法之后，要经常辨析语音的正确与否。如zh ch sh和z c s，可以经常利用下列字对比练习：主（zhǔ）—组（zǔ）、出（chū）—粗（cū）、书（shū）—苏（sū）。

有效分清方音错误的类型，有利于有的放矢地辨析方音。如胶东方言区读zh、ch、sh声母有多种错误，可分成以下几种：一是zh、

ch、sh与z、c、s混淆；二是zh、ch、sh错读成舌叶音；三是zh、ch、sh错读成j、q、x。对错误类型做到心中有数，辨析起来也就容易了。

此外，把自己所处方言区的典型发音错误精心筛选出来，逐个纠正，能收到事半功倍的效果。如胶东方言把“治国”读成“即国”、把“知识”读成“机细”、把“振奋”读成“进奋”。经过筛选，笔者找出如下39个易读错的常用字（可同音类推）：知、展、张、招、折、振、正、猪、宙、专、追、准、着、吃、蝉、长、朝、彻、晨、城、充、仇、出、船、吹、春、湿、闪、商、绍、社、伸、胜、手、书、栓、说、税、顺。利用这些“代表字”进行重点练习，并把其他同音字按照“代表字”进行归类，明确主攻目标，再加以练习和记忆，可以达到事半功倍的效果。

遇到不确定读音的字时，可以尝试利用偏旁类推。如以“中”作声旁的字，大都读翘舌音，如“忠、种、种、肿”；以“宗”作声旁的字，一般都读平舌音，如“综、棕、粽、踪”。同理，以zh、ch、sh为声母的字如“只、支、者、朱”等（都是舌尖后音），以这些字为声旁的字，也大都读舌尖后音。又如，以z、c、s为声母的字如“子、才、从、司”等（都是舌尖前音），以这些字为声旁的字，也大都读舌尖前音。

学习语言不是一朝一夕的事情，非下苦功不可。只有多听、多思、多看、多练，记住、记牢，天天读，月月读，反复读，才能说好普通话，提高自己的语言素质。

（2019年1月23日《语言文字报》）

附录2 六法巧学普通话韵母

不标准的韵母发音，就像一个顽疾，让人无可奈何，是许多人的“难言之隐”。比如，西北人因为发不好鼻音，常将“建国门”说成“见过么”，引起误会。如果你也来自方言区，韵母发音不标准，有可能也会闹笑话，影响人际交流与沟通。

那么，如何把普通话韵母的音发得准确，让字音圆润动听呢？

观察 观察法是指认真观察老师的发音口形，仔细观察教材中的各种发音示意图，再对着镜子观察自己的口形是否符合发音要领。通过观察学习正确的韵母发音，纠正错误发音。比如o是圆唇音，发音时唇形拢圆的形状、拢圆的程度以及发音过程中是否能够保持，直接决定着发音正确与否。在掌握了o的发音原理之后，通过观察老师的发音口形和自己的发音口形，就可以发准o韵母。此外，u与ü的不同，ia与ua的不同，ian与uan、üan的不同都可以通过观察老师发音时口形的变化进一步纠正。

比较 比较法是利用已学会的韵母和未学会的或发音有困难的韵母进行比较，弄清楚两者的相同点与不同点。这种方法可以收到事半功倍的效果。如学会了e韵母的发音，学圆唇音o困难，可以仔细体会发e时舌位的高低、前后和唇形的圆展，在此基础上保持舌位不变，唇

形拢圆后发出的就是圆唇音o了。用于比较的两个音要有相同点，否则无法比较，这是运用比较法进行发音训练和正音训练必须注意的一点。

分类记忆　分类记忆法是一种对知识优化记忆的方法。普通话韵母数量多，初学者在短时间内全部记住是一件难度较大的事情。通过分类记忆，就可以化难为易。韵母分类记忆的基本规律是结构分类和四呼分类的交叉综合。如开口呼复韵母有ai、ei、ao、ou等。普通话韵母共39个，如果按照以上记忆法背记，学习起来就容易多了。

听辨　对于韵母，有人不仅发音不准，而且听音也不准。我们可以先进行听辨练习。比如学习鼻韵母，可先抓住前鼻音n和后鼻音ng进行听辨，并解释说n的音色窄而细，出气不畅，听感沉闷；ng的音色宽而宏，出气较畅，听感爽朗。从听感上把握住特点，可以增强辨音能力，然后，可以组织一些听辨练习，反复听辨。

运用口诀　口诀法是把内容繁杂、难以记忆的知识编成要点突出、言简意赅、便于记忆的韵文、顺口溜来帮助记忆的训练方法。在普通话韵母的训练中，可以用下列口诀熟记韵母的发音特点："韵母发音特点明，决定舌位和唇形。单韵始终无变化，复韵前后有动程。鼻音收尾发鼻音，口腔闭塞鼻腔通。"

绕口令法　妙趣横生的绕口令作为一种语言艺术，既是很好的气息操和口腔操，又是一种吐字练习。在普通话韵母的学习中，我们可以利用这种形式，把一连串韵母相近的字组成"语言链"，进行发音练习，可以把很拗口的话念得声声清、字字准，例如"班干部管班干部"。绕口令的材料很多，大家平时可以收集起来，以备训练之用。

成年以后，要改变从小养成的习惯不是一件容易的事。但可以肯定地说，只要方法正确，坚持不懈，经过一个阶段的学习，你的语音会大大改变，你的"音值"会更上一层楼。

（2019年3月6日《语言文字报》）

附录3 “与子同裳”别读错

2020年，以它独有的方式开启，注定让我们刻骨铭心。举国上下，众志成城，抗击疫情。日本援助物资箱上的古诗词“山川异域，风月同天”“岂曰无衣？与子同裳”刷爆朋友圈，让我们领略了语言文字的力量。然而，笔者发现，好多人把“与子同裳”的“裳”读成shāng。其实，这里的“裳”应读cháng。

“岂曰无衣？与子同裳”出自《诗经·秦风·无衣》，是战国时期秦国的一首战歌。这个句子的意思是：“怎么能说没有衣服呢？来，我们同穿一件”。

普通话词语“衣裳”，是必读轻声词，“裳”读作轻声shang，很少人读错。“裳”字单用或与其他字组合成双音节、多音节词语，特别是在古典诗词中出现时，许多人将其误读为shāng。其实，“衣裳（cháng）”是由“衣”和“裳（cháng）”组成的。古代“上曰衣，下曰裳”，“裳”即古人穿的下衣，外形像现在的裙子，男女都可以穿。

请看下面的例子：

（1）可能听她微步的足音，看她美艳的衣裳，接她轻倩的笑语？（冰心《迎“春”》）

例句中的“衣裳”读作yīshang。

（2）王夫人……因又说道：“该随手拿出两个来给你这妹妹去裁衣裳的，等晚上想着叫人再去拿吧，可别忘了。”（曹雪芹《红楼梦》）

在白话文，包括古代白话文中，“衣裳”读作yīshang。

（3）东方未明，颠倒衣裳。（《诗经·齐风·东方未明》）

（4）初闻涕泪满衣裳。（杜甫《闻官军收河南河北》）

（5）卖炭得钱何所营？身上衣裳口中食。（白居易《卖炭翁》）

以上例子中的“衣裳”读作yīcháng。

（6）绿兮衣兮，绿衣黄裳。（《诗经·邶风·绿衣》）

（7）脱我战时袍，着我旧时裳。（北朝民歌《木兰诗》）

（8）巴东三峡巫峡长，猿鸣三声泪沾裳。（郦道元《水经注·三峡》）

以上例子中的“裳”均读作cháng。

此外，“霓裳”读作nícháng，意为“以云霓为裙子”。如：

（9）风吹仙袂飘飘举，犹似霓裳羽衣舞。（白居易《长恨歌》）

总之，“裳”作为多音字，只在现代汉语和古代白话文的“衣裳”（与“衣服”同义）一词中读作shang，在其他语境里都应读作cháng，没有shāng这个读音。

（2020年3月18日《语言文字报》）

附录4　运用声韵拼合法学好普通话

音节拼读是学说普通话的重要方法。单韵母自成音节，如e，无所谓拼不拼；复韵母自成音节时，一般要求一见即识，不能临时去拼读。因此，说到音节拼读，可以理解为声母和韵母的拼合。

初学拼音的人，可以先对照学过的复韵母、鼻韵母，将有韵头的韵母分解为两部分，即i、u、ü加上后面的韵腹和韵尾，如“uai→u+ai”“ian→i+an”“uan→u+an”。将韵头、韵腹、韵尾分开发音时，逐渐缩短发音的间隔时间，熟练后，就形成了对于拼音的初步感受，接着再练习声母和韵母相拼。

声韵拼合一般有以下三种拼法：

两拼法　先读声母，然后读韵母，最后读出音节。这种拼法要求把韵母看作一个整体，拼读时声母要读得轻而短，韵母要读得重而长，就是一般所说的“前音轻短后音重，两音相连猛一碰”。例如“j-iā→jiā（家）”。开始最好用声母和单韵母相拼，如“b-a→ba”；再用声母和开口呼的复、鼻韵母拼，即声母和ai、ei、ao、ou、an、en、ang、eng、ong拼合，逐步过渡到用声母和结构比较复杂的韵母拼合。这样由易到难，就可以熟练地运用两拼法读音节，学习普通话了。

三拼法　把一个音节分成声母、韵头（介音）、韵腹（有韵尾的包括韵尾）三个部分，进行连续拼读。这种方法，只能用来练习有介音音节的拼读。拼读时，先轻读声母，后快读介音，再响亮地读出韵母，气息不间断，快速连成一个音节，例如“n-i-ǎo→niǎo（鸟）”三拼法要注意气息连贯，尤其要注意韵头不能拖得和韵腹一样长，这是初学者应该特别注意的。

声介合母拼读法　拼读时，先将音节的声母与韵头临时组合成一个整体部件，再和韵腹（有韵尾的包括韵尾）相拼。这种方法只适用于有介音的音节。例如“ji-ā→jiā（家）”。把声母和介音i u ü结合成一个整体部件，这个部件就叫声介合母，共有30个，如“bi、du、nü”（yu虽不是“声”与“介”合母，但所起作用与声介合母相似，如“yu-án→yuán”）。用声介合母法拼读音节，对于声介合母就得认读得相当熟练，做到一见就能发音，而不是临场拼读。初学者可以用两拼法将30个声介合母记熟。

具体使用上述三种拼音方法时，应视情况选择。韵母是开口呼的就用两拼法。两拼法是学习音节拼读的最基本、最常用的方法，目前小学汉语拼音教学就采用这种方法。韵母有韵头的，可以用三拼法，用声介合母拼音法较方便。不过，普通话中有介音的音节较少，因此这两种方法的使用频率较低。

带调拼读也有三种方法。一是音节数调法。先用声母与带阴平调（第一声）的韵母拼成音节，按阴平、阳平、上声、去声的顺序挨个发音，一直读到这个音节的声调为止。如拼读音节xiǎng（想）：x-i-ǎng→xiāng xiáng xiǎng。这个方法，适用于初学阶段。二是音节定调法。先用声母和带阴平调的韵母相拼，再按音节的声调符号，读出带声调的音节，如拼读音节gǎi（改）：拼读是念g-āi→gǎi。三是韵母定调法。用声母与带音节声调的韵母相拼，拼出的音节也就带上声调了，如拼读音节pǔ（普）：p-ǔ→pǔ。需要指出的是，有的音节不好拼

读，只好采取整体认读法，如“zhi、ri、ci、wu、ye、yin、er”等。

音节拼读训练中应注意以下几个问题：

第一，用来进行练习的音节要符合声韵拼合规律。不能把不应拼合的声母、韵母硬拼到一起，如b和ong相拼，拼出来的音在普通话里没有，如此练习，反而影响其他音节拼读的准确性。

第二，拼读时，声母要念本音。《汉语拼音方案》声母表中，声母的后头带着一个单韵母，如b念成bo（玻），这是声母的呼读音。拼读音节时，要把声母呼读音的韵母去掉，只用它的本音和韵母相拼。例如pa（爬）的拼音，应该先双唇紧闭，随后突然打开，送气，发出a音，这样拼出的音节才是准确的。如果把p念成po再和a拼，就容易把p后头的o拼到音节里去，念成poa音，这样就不准确了。

第三，复韵母和鼻韵母的发音必须准确熟练。复韵母和鼻韵母虽然是由几个音素构成的，但这几个音素的结合比较紧密，拼读时要像单韵母一样作为一个整体念出来，否则，拼读音节时临时进行音素的拼合，容易丢头掉尾，或显得生硬。韵头、韵腹、韵尾的强弱长短如果念得不准确，会直接影响拼音效果，导致普通话说得不准。

第四，念准韵头。韵头是声母和韵腹之间的中介成分，韵头念不准，不仅起不到搭桥的作用，反而使整个韵母发生变化，甚至成为另外一个韵母。

第五，声母和韵母之间不要间断，要一气拼成，不可停顿。如“巴”字的拼读，就是把b和a连续快读，落实到音节上，听不出b和a是两个音。如果读慢了，声韵之间有停顿，就拼不成“巴”音。

学习拼音，应多体会声韵拼合时各发音器官的活动情况，只有及时调整发音姿势，形成较强的发音敏感度，才能由此及彼，举一反三。实际上，要想学好普通话，学会拼音只是一个阶梯，拼读得多了，逐步熟悉了普通话的常用音节，就能做到直呼音节，不需要拼读就能发出正确的音来。

音节的拼读要达到直呼音节的程度，除了对照“音节表”多加练习外，还可以进行纯拼音扫读的练习。即找一篇完全用拼音字母写成的材料，直接读出来。这种训练一般应在有一定的音节拼读基础后进行，可分以下步骤进行：

第一步：慢读直呼。读的速度可以稍慢些，可以将一时不能直呼的音节用拼读的方法读出。这样练读5～10段200音节左右的材料，每段材料5分钟以内读完，就可以进入下一步了。

第二步：默读默写。默读200音节左右的拼音材料，2分钟以内读完，然后默写其中的音节，能写多少算多少。整个过程重复进行，直到能将材料背出、能完整地用拼音默写为止。默写的目的是熟悉音节，与慢读直呼结合，使脑、手、口三者并用，以形成对音节的整体呼读的敏感。

第三步：快看快读。这里的快和慢是相对的，意思是说眼的动作要快于口的动作，当读到前一个音节时，应该已经看着后一个甚至多个音节了。练习材料可选300字左右的，在2～2.5分钟内读完。

（2020年4月29日《语言文字报》）